FALKEN
BÜCHEREI

Heinz Schmalenbach

Da lacht das Publikum

Neue lustige Vorträge für viele Gelegenheiten

FALKEN VERLAG

Im Falken-Verlag sind eine ganze Reihe humoristischer und satirischer Titel erschienen, darunter „Witze. Lachen am laufenden Band" (Nr. 4241), „Das Superbuch der Witze" (Nr. 4146), „Stilblüten" (Nr. 0738) und zahlreiche Bücher mit Büttenreden.

CIP-Kurztitelaufnahme der Deutschen Bibliothek

Schmalenbach, Heinz:
Da lacht das Publikum: neue lustige Vorträge
für viele Gelegenheiten/Heinz Schmalenbach.
– Niedernhausen/Ts.: Falken-Verlag, 1984.
(Falken-Bücherei)
ISBN 3-8068-0716-7

ISBN 3 8068 0716 7

Titelbild: B. D. Schmerl, Wiesbaden

Satz: LibroSatz, 6238 Kriftel bei Frankfurt
Druck: Konkordia Druck GmbH, Bühl/Baden

817 2635 4453 627

Inhalt

Zum Geleit

Lampenfieber ist nicht, wie Sie vielleicht meinen,
die erhöhte Temperatur einer Glühlampe,
sondern das, was ich im Moment habe.
Es ist nur durch Beifall zu bekämpfen!
Besten Dank für die Medizin!
Sehen Sie, so ist uns beiden geholfen:
Ich fühle mich besser,
und Sie haben endlich mal warme Hände
in dieser kalten Bude hier!
In diesem Sinne viel Vergnügen!

Gebrauchsanweisung: So nicht!

Mancher Mensch, das weiß wohl jeder,
ist hart wie Stahl und zäh wie Leder.
Hart wie Stahl – geht's um sein Geld,
wie Leder zäh – wenn er 'ne Rede hält.

Die Schülerin

Büttenrede

(Die Vortragende kommt mit Zöpfchen und Tornister.)

Oh, ich glaub, ich geh' gleich wieder! Da sitzt ja mein Lehrer und mein Zahnarzt und – der Onkel Erich, bei dem ich im Sommer immer die Kirschen klaue.
Einmal hat er mich ja sogar erwischt. Da bin ich aber gelaufen! Ruft er hinter mir her: »Warte doch mal, Susi, ich will dir doch nur etwas sagen.« Hab ich zurückgerufen: »Ach, so ein kleines Mädchen wie ich braucht doch nicht alles zu wissen.«
Das ist ja überhaupt so komisch mit den Erwachsenen. Aus meinen Eltern zum Beispiel werde ich überhaupt nicht klug. Wenn ich herumtobe, dann verhauen sie mich. Sitze ich still in der Ecke, dann messen sie mir Fieber.
Fragte micht doch meine Mutter gerade noch, bevor ich hierher ging: »Susi, hast du ein Bad genommen?« »Wieso?«, hab ich gefragt, »fehlt eins?«
Unser Lehrer ist ja manchmal recht nett. Fragte er mich heute: »Susi, wieviel ist denn 2 x 3?« Hab ich gesagt: »Sechs.« »Gut!«, meinte er, »dafür bekommst du auch sechs Pflaumen aus meinem Garten.« Na, wenn ich das gewußt hätte, hätte ich (mindestens) »zwölf« gesagt!
Im Religionsunterricht wurde ich gefragt, welche Sünde der Adam begangen hätte. »Der hat vom verbotenen Baum gegessen!« »Gut!«, hat der Lehrer gesagt, »und womit hat Gott ihn dann bestraft?« »Der mußte die Eva heiraten.«
Aber unsere Kochlehrerin, die ist ja doof! Die hat mich geschlagen! Und das nur, weil ich ihr gesagt habe, sie sollte doch mal ihre Strümpfe glattziehen. Konnte ich doch nicht wissen, daß die gar keine anhat! Aber beim Kochunterricht durfte ich sowieso nicht lange mitmachen. Haben wir gelernt, Geburtstagstorte backen. Ich sollte *Herzlichen Glückwunsch* draufschreiben. Das war vielleicht eine Arbeit, die Torte in die Schreibmaschine zu kriegen!
Im Naturkundeunterricht fragte mich der Lehrer: »Susi, warum ist denn ein Gewitter in der Nacht besonders gefährlich?« »Ist doch ganz einfach!«, hab ich gesagt. »Weil da der Blitz den Blitzableiter nicht sehen kann.«

Nach der Englischstunde hab ich den Lehrer gefragt: »Warum soll ich eigentlich Englisch lernen?« »Aber, Susi, die halbe Welt spricht doch Englisch!« »Ja und?«, sag ich, »das genügt doch wohl!«
»Und noch was, Herr Lehrer: Ich möchte wissen, was wir heute gelernt haben.« »Was ist denn das für eine komische Frage? Wie kommst du denn darauf?!« »Na, meine Eltern fragen mich das auch immer, wenn ich nach Hause komme.«
Im Deutschunterricht sollten wir Sprichwörter nennen. Einer sagte: *»Wer im Glashaus sitzt, fällt selber rein.«* Ein anderer: *»Der dümmste Bauer soll nicht mit Steinen schmeißen.«* Dann fragte der Pauker mich: »Na, Susi, weißt du auch ein schönes Sprichwort?« Ich sagte: *»Ein Narr fragt mehr, als zehn Weise beantworten können.«* »Das ist doch wohl hoffentlich nicht anzüglich gemeint?« fragte er. »Sofort will ich ein anderes Sprichwort hören.« *»Wem die Jacke paßt, der zieht sie sich an.«* Da sprang der Kerl aus der Klasse und kam mit dem Rektor zurück. Der fuhr mich an, ich solle sofort ein schönes Sprichwort nennen. Sagte ich: *»Ein Unglück kommt selten allein.«* Patsch, hatte ich eine hängen und sollte noch ein Sprichwort nennen. *»Macht geht vor Recht.«* Plötzlich wurde der Rektor ganz sanft und diplomatisch und sagte: »Komm, Susi, gib mir die Hand und sag ein schönes Sprichwort.« *»Pack schlägt sich, Pack verträgt sich.«* Da schmiß er mich aus der Klasse. An der Tür drehte ich mich nochmal um und sagte: *»Der Klügere gibt nach.«*
Zu Hause hat mich mein Vater dann zur Brust genommen. »Susi, so geht das nicht weiter mit dir! Dauernd beschweren sich deine Lehrer über dich.« »Och«, sag ich, »die wissen ja auch nicht, was sie wollen. Mal sagen sie, ich wäre zu nichts zu gebrauchen, dann wieder, ich wäre zu allem fähig.«
»Susi!«, sagte mein Vater. »Ich will so eine Unart nicht noch einmal erleben! Du willst doch mal, wenn du erwachsen bist, eine liebe, brave Frau werden?« »Ach nee, Papa, ich will so werden wie Mama.«
»Susi, als ich so alt war wie du, habe ich wie ein Irrsinniger geschuftet.« »Und wann bist du vernünftig geworden, Papa?«
Dann hat er mich übers Knie gelegt und gesagt: »Ich strafe dich, weil ich dich liebe.« »Das weiß ich ja, Papa, aber so viel Liebe habe ich doch gar nicht verdient.«
Ich habe ja jetzt auch rausgekriegt, daß mein Vater der Nikolaus ist, der Weihnachtsmann und der Osterhase – und ich habe den starken Verdacht, der ist sogar der Klapperstorch!
Gestern war bei uns ein Empfang, da müssen ganz wichtige Leute da gewesen sein. Ja, die Mama hat sogar über Papas Witze gelacht.

Der Onkel Erich war auch da. Plötzlich mußte ich ganz herzhaft gähnen. Meint der Onkel Erich zu mir: »Susi, guck mal, wenn ich gähne, dann halte ich mir extra die Hand vor den Mund.« »Das brauch' ich nicht, meine Zähne sitzen ja noch alle fest.«
Da ist meine Mutter ganz verlegen geworden. »Ich weiß gar nicht, wo das Kind diese Frechheiten her hat! Susi, warum spielst du eigentlich immer mit den ungezogenen Kindern?« »Die Mütter von den Artigen erlauben nicht, daß ich mit ihnen spiele.«
So jetzt muß ich aber gehen. Ich muß mal nachsehen, ob mein Papa auch mit meinen Hausaufgaben fertig ist. Aber wie ich den so kenne, läßt er sich bestimmt wieder vom Opa helfen.

Ein Schüleraufsatz: »Der Mensch«

Der Mensch zerfällt in Mann, Frau und Kind. Der Mann, der die Familie ernährt und bestraft, heißt Vater. Die Frau ist die Mutter, sie kocht und läßt hin und wieder das Essen anbrennen. Für den Mann ist die Frau meistens Luft! Aber welcher Mann kann schon ohne Luft leben?

Die ersten Menschen waren Adam und Eva. Zuerst wurde der Adam erschaffen, und erst ganz am Ende der Schöpfung die Eva. Das hat Gott extra gemacht, damit ihm die Frau bei der Schöpfung nicht dauernd dazwischenquatscht. Dann hat Gott Urlaub gemacht und gesagt: »Schafft euch die Kinder gefälligst selber an!« – Ich glaube, das machen die Menschen ganz gerne.

Darum ist das Kind die wichtigste Person. Denn wenn es keine Kinder gibt, muß der Mensch aussterben. Bei seiner Geburt ist der Mensch noch ein ganz kleines Baby. Das ist darum, damit die Mutter sich nicht verhebt. Alle Menschen begucken sich das kleine Baby, und dauernd sieht es jemand anderem ähnlich – das kommt ganz darauf an, wer gerade in den Kinderwagen guckt.

Später geht das Kind in die Schule, um die mitgebrachten Butterbrote aufzuessen und um es vielen Menschen zu ermöglichen, Lehrer zu werden und nicht arbeitslos zu sein.

Jeder Mensch hat ein Skelett, auch wenn er es nie zu Gesicht bekommt. Außen dran hängen die Arme, die mit den Händen verbunden sind, damit diese nicht einfach in der Luft baumeln. An jeder Hand sind fünf Finger, auf diese Weise ist der Mensch auf das Dezimalsystem gekommen. Damit der Mensch nicht aus dem Leim geht, ist er mit einer Haut überzogen, die abwaschbar sein muß.

Der Mensch hat 32 Zähne, der Reiche hat Goldzähne. Wenn er groß ist, heiratet er oder führt ein glückliches Leben.

Der Mensch kann singen, sprechen und schnarchen. Der Mann beim Menschen hat einen Bart zum Rasieren. Die Frau hat dafür Dauerwellen, manche Frauen haben beides.

Manche haben Haare auf den Zähnen.

Wenn der Mensch lange genug gelebt hat, kommt er in den Himmel.

Zwischendurch bemerkt

Der Blumentick

Ach je, welch grausiges Geschick,
deine Frau hat einen Blumentick!
Du stellst fest, im ganzen Haus
sieht es wie im Urwald aus.
Hier eine Palme, dort Kakteen,
dahinter blühen Orchideen.
Am Gummibaum im Korridor
rankt der Efeu sich empor.
Auf dem Schrank eine Aechmea,
ein Geschenk von Tante Thea,
daneben steht der Zimmerginster,
deine Blicke werden finster.
Dann Wunderstrauch und Christusdorn,
dahinter blüht der Rittersporn.
Umringt von Bogenhanf und Azaleen
siehst du die Opuntien stehen.
Die Blumen schmücken jeden Raum,
Platz zum Sitzen findst du kaum!
Sie ranken dir schon um die Beine,
nur am »Stillen Ort« sind keine.
Doch warte nur ein Weilchen,
dann blühn auch dort die Veilchen!

(Dieses Gedicht muß mit viel Pathos
und begleitenden Handbewegungen
vorgetragen werden.)

Paul und Pauline

Erstes Zwiegespräch

PAUL: Wo kommst du denn so spät her?

PAULINE: Aus dem Schönheitssalon!

PAUL: Und warum bist du nicht drangekommen?

PAULINE: Hör mal, so mußt du *mir* gerade kommen. Du glaubst gar nicht, wie ich auf meiner letzten Urlaubsreise umschwärmt worden bin.

PAUL: Ja, ja, bei uns war das auch so schlimm mit den Mükken.

PAULINE: Komm, hör auf, hier läuft schließlich ein Programm!

PAUL: Mit eurem Programm ist Essig.

PAULINE: Wieso?

PAUL: Da ist gerade was ganz Blödes eingetreten.

PAULINE: Was denn?

PAUL: Ich! – Du, wir haben die Leute noch gar nicht begrüßt.

PAUL/PAULINE: Guten Abend, meine ... tatatata ...

PAUL: Nee, so geht das nicht! Paß auf, du nimmst die rechte und ich die linke Hälfte vom Saal. Drei, vier ...

PAUL/PAULINE: Guten Abend, meine sehr ...

PAUL: Halt, halt! Da hat gerade einer von mir zu dir 'rübergeguckt.

PAULINE: Komm, hör auf! Sag mir lieber, warum du gestern nicht gekommen bist!

PAUL: Ja, das muß ich dir erzählen, war doch gestern der Herr... bei mir. Und weil das Wetter so schlecht war, hab ich gesagt: »Herr..., bleiben Sie doch, und schlafen Sie hier.« War er auch mit einverstanden. Ich ging hoch und machte das Bett fertig, und als ich wieder runterkam, war er verschwunden. Nach zehn Minuten schellt es. Wer steht vor der Tür? Der Herr... – triefend naß. Ich frag: »Wo kommen Sie denn her?« »Ich war nur kurz zu Hause und habe mein Nachthemd geholt.«
Wie ist das eigentlich? Bist du immer noch mit dem Chefarzt verlobt?

PAULINE: Ach nee, der hat die Verlobung gelöst. Ich hätte ja nie gedacht, daß ein Arzt so scheußlich und gemein sein kann. Nicht nur, daß er alle Geschenke zurückhaben wollte! Nein, er hat mir auch eine gepfefferte Rechnung über 34 Hausbesuche geschickt!
Du, was machst du eigentlich beruflich? Bist du immer noch bei der Stadtverwaltung angestellt, oder arbeitest du wieder?

PAUL: Ich? Ich bin beim Fernsehen!

PAULINE: Als Bildstörung?

PAUL: Komm, hör bloß auf, mir ist sowieso noch so schwindlig!

PAULINE: Schwindlig?

PAUL: Ja, ich habe das Drehbuch zu schnell gelesen.
Und was machst du beruflich?

PAULINE: Ich arbeite in der Fabrik am Band.

PAUL: Ach, du Ärmste! Ich darf wenigstens frei 'rumlaufen. Aber ich bin ja in letzter Zeit immer so müde. Ich war auch schon beim Arzt. Sag ich: »Herr Doktor, ich

schlaf' in letzter Zeit immer so schlecht.« »Ja«, meint der Arzt, »da müssen wir wohl erst einmal die Wurzel des Übels beseitigen.« »Aber nein, bloß nicht, meine Frau hängt doch so an dem Baby!«
Ich hab ja auch schon überlegt, ob ich dem Kind nicht ein Schlaflied vorsingen soll.

PAULINE: Willst du es nicht lieber noch einmal im Guten versuchen? Bei deinen musikalischen Fähigkeiten!

PAUL: So mußt du *mir* kommen! Ich hab' Ahnung von Musik! Ich war gestern noch in Figaros Silberhochzeit!

PAULINE: Du spinnst ja!

PAUL: Nee, wirklich, im Programm stand: »Figaros Hochzeit zum 25. Mal«.

PAULINE: Singst du eigentlich immer noch in der Badewanne?

PAUL: Aber sicher! Gestern haben meine Nachbarn zum ersten Mal geklatscht.

PAULINE: Was hast du denn gesungen?

PAUL: Heut' noch bin ich hier zu Haus, morgen geht's zum Tor hinaus.

PAULINE: Weißt du eigentlich, daß die Polizei letzte Woche Herrn... angehalten hat?

PAUL: Nee, warum das denn?

PAULINE: Der brachte doch nach der letzten Sitzung in seinem Wagen acht Mann auf einmal nach Hause. Hält ihn die Polizei an und sagt: »Ihr Wagen ist ja völlig überladen. Geben Sie uns mal sofort Ihren Führerschein!« Meint Herr...: »Meinen Sie, das hilft? So ein Führerschein wiegt doch höchstens 30 Gramm.«

PAUL: Du warst doch vorhin in der Kirche. Wer hat denn gepredigt?

PAULINE: Der Dechant.

PAUL: Und worüber?

PAULINE: Über die Sünde.

PAUL: Und – was hat er gesagt?

PAULINE: Er war dagegen.

PAUL: Ja, ja, typisch. Aber hier in dem Verein, da haben 'se ja auch ein paar Typen! Meinte doch auf dem letzten Wochenendausflug Herr ...: »So, Leute jetzt hört genau zu! Es wird hier sehr auf Hygiene geachtet. Jeden Tag wird die Wäsche gewechselt! Heute wechseln Meier mit Müller, Schulte mit Mette, Burgart mit ...«

Übrigens, Übrigens, Übrigens

Der *Bauernverband* ist nicht – wie viele meinen – ein hervorragender Schachzug, bei dem die Bauern eine Verbindung zwischen Springer und Turm herstellen, sondern eine spezielle elastische Binde für Landwirte.

Eine *Legebatterie* ist nicht – wie viele meinen – eine Stromquelle, die nur im Liegen benutzt werden darf, sondern eine Spezialeinheit der Bundeswehr, die sich nur kriechend vorwärtsbewegt.

Klopstock ist nicht – wie Sie vielleicht meinen – ein Züchtigungsgerät für unartige Kinder, sondern das, was mal ein Haudegen werden will.

Ein *Regenbogen* ist nicht – wie Sie meinen könnten – ein Blatt Papier, das im Regen gelegen hat, sondern der Umweg, den man macht, um nicht naß zu werden.

Waldhorn ist nicht – wie Sie vielleicht meinen – die Hornhaut, die man vom Bäumefällen bekommt, sondern die Beule, die man sich holt, wenn man gegen einen Baum gelaufen ist.

Steuerbescheide sind nicht – wie der Name vermuten läßt – bescheiden, sondern eher das genaue Gegenteil.

Zwischendurch bemerkt

Versuchung

Du gehst durch die Allee,
siehst plötzlich ein Café,
da kommt dir die Idee.
Ich trinke mir 'nen Tee,
dazu eß ich Baiser.
Prüfst kurz noch dein Budget.
Grüßt freundlich den Portier,
da siehst du am Buffet
ein herrlich Dekolleté
mit glänzendem Kollier
und denkst nur, ach herrje,
wohl von der Hautevolee,
will wohl ins Séparée.
Schaust kurz ins Portemonnaie,
denkst an dein Renommee.
Siehst ein, das wär passé,
dann lieber doch 'nen Tee.

Vierzeiler

Mancher volle Busen
ist Kunststoff oder Pappe.
So ist in unserm Leben
halt vieles nur Attrappe.

Guter Rat

Fällt trotz hellem Sonnenschein
kaum noch Licht ins Zimmer rein,
mußt selbst am Tag du Strom benutzen,
versuch's doch mal mit Fensterputzen!

Szenen einer Ehe

Erster Sketch

SIE: *(steht am Tisch und räumt Einkäufe aus)*

ER: *(kommt rein, hat schwarze Hände und eine Tafel Schokolade)*

SIE: Wo kommst du denn so spät her?

ER: Ach, ich habe einen Freund getroffen, und da sind wir noch etwas kaufen gegangen.

SIE: Konderbar?

ER: Warum sagst du »konderbar«?

SIE: Du sagst doch auch »kaufen«.
Warum hast du eigentlich so schwarze Hände?

ER: Ich habe meinen Chef zur Bahn gebracht.

SIE: Wie hängt das denn zusammen?

ER: Ich habe die Lokomotive gestreichelt.
Wo kann ich übrigens die Schokolade hinlegen, damit unser Sohn sie nicht sofort findet?

SIE: Am besten ins Waschbecken.

ER: In Ordnung, auf dem Weg kann ich mir auch gleich die Hände waschen. *(geht ab)*

SIE: *(laut)* Du, meine Mutter will uns besuchen.

ER: Waaas? Wie lange bleibt sie denn?

SIE: Bis sie uns lästig fällt.

Er: Was? So kurz nur?

Sie: Reiß dich doch bitte ein bißchen zusammen! – Wie ist übrigens deine Privatklage vor Gericht ausgegangen?

Er: *(Im Reinkommen)* Die gerechte Sache hat gesiegt.

Sie: Ach, das tut mir aber leid für dich.

Er: Jetzt sind wir aber quitt. *(setzt sich)*
Was war denn heute Besonderes?

Sie: Ich glaube, unsere Nachbarin hat im Lotto gewonnen.

Er: Wie kommst du denn darauf?

Sie: Sie läßt sich ihr Suppengrün durch Fleurop schicken. Ach, übrigens, unsere Waschmaschine verliert Wasser.

Er: Ich habe dir ja gleich gesagt, wir sollten kein Auslaufmodell nehmen. Aber ich werde nachher mal nachsehen.

Sie: Ja, kannst du das denn?

Er: Na, was denkst du denn? Ich war doch als Kind schon fast ein Wunderkind.

Sie: Woran hat man das denn gemerkt?

Er: Na, ich war doch mit drei Jahren schon fast so schlau wie heute.

Sie: Heinz, würdest du mich noch mal heiraten?

Er: Willst du schon wieder Streit anfangen?

Sie: Aber nein, Heinz. Denkst du übrigens daran, daß ich bald Geburtstag habe?

Er: *(nimmt die Zeitung in die Hand)*

SIE: Du könntest mir etwas für die Hände schenken.

ER: Gern, welche Seife nimmst du denn?

SIE: Gibst du mir auch mal ein Stück Zeitung?

ER: Gleich, ich bin erst mal durstig.

SIE: Soll ich dir Wasser bringen?

ER: Ich bin durstig, nicht dreckig!

SIE: *(holt Bier)*

ER: Hör mal zu! Denk dir nur, in der Karibik gibt es eine Insel, wo es an Männern fehlt, und eine Frau für jeden Liebesdienst 10 Dollar zahlt – da fahre ich hin.

SIE: Ich frage mich nur, wie du mit 10 Dollar im Monat auskommen willst.

ER: Ach, hier lies selber. *(gibt ihr ein Stück Zeitung und sieht zum Fenster)*
Warum ist das Fenster denn kaputt?

SIE: Ja, stell dir vor, hat mir doch unser Nachbar die Scheibe eingeworfen, weil ihn mein Klavierspiel störte.

ER: Ganz schön blöd, jetzt hört er es ja noch deutlicher.

SIE: *(liest vor)* Heinz, unser Heiratsvermittler ist ermordet worden!

ER: Na und? Ich habe ein Alibi.

SIE: Ja, das kann ich bestätigen, du bist ja nie bereit, einen Fehler wieder gutzumachen.
Hör mal, hier! Die Polizei sucht einen Mann, der abends im Park immer die jungen Mädchen belästigt.

ER: Meinst du, daß ich mich bewerben soll?

SIE: Ach, mit dir ist heute nicht zu reden. Ich schlage vor, wir gehen mal an die frische Luft. Wie wäre es, wenn wir uns ein paar Pelze ansehen würden?

ER: Eine sehr gute Idee – geh'n wir in den Zoo!

Beim Zahnarzt

Weil du vor Schmerz die letzte Nacht
dauernd wieder aufgewacht,
gehst du trotz großer Angst und Pein
endlich mal zum Zahnarzt rein.
Die Schmerzen werden immer schlimmer,
doch kaum sitzt du im Wartezimmer,
ist der Schmerz, den du empfunden,
wie durch ein Wunder ganz verschwunden.
Du denkst daran, nach Haus zu geh'n.
Willst grad von deinem Stuhl aufstehn,
da steht der Zahnarzt in der Tür,
und er – winkt dir.

Führt dich zu einem Sessel hin,
du sitzt noch gar nicht richtig drin,
da reguliert er kurz die Höh'
und fragt dich: »Na, wo tut's denn weh?«
Doch eh du Zeit zur Antwort hast,
fall'n Instrumente dir zur Last.
Er sieht sich deine Zähne an
und meint darauf gelassen dann:
»Ach, dachte ich's mir doch,
im Backenzahn, da ist ein Loch.
Da muß 'ne neue Füllung rein,
dann sind vergessen Schmerz und Pein.«

Bei dir bricht schon der Angstschweiß aus.
Du denkst: »Ach, wär' ich doch zu Haus!«
Doch er hat den Bohrer schon zur Hand.
Du wirst so weiß wie eine Wand.
Und ehe du dich recht verseh'n,
sagt er zu dir: »Sie können geh'n!«
»War es das?« fragst du erstaunt,
bist plötzlich wieder frohgelaunt.
Ganz beschwingt gehst du nach Haus
und machst es mit dir selber aus.
Von nun an geh' ich jedes Jahr,
und freudig gehe ich sogar.
Doch kaum ist der erste Tag vergangen,
vergeht es wieder, dein Verlangen.
Du wartest, bis der Schmerz dich plagt
und dich erneut zum Zahnarzt jagt.

Ein Gelegenheitsarbeiter

Büttenrede

Arbeit adelt, aber am Stammtisch bekommt man auch blaues Blut. Also, wissen Sie, ich kann ja essen und trinken, was ich will – mir schmeckt keine Arbeit.
Ich würde ja gerne arbeiten, aber ich kann meinen Schweiß nicht riechen.
Aber von irgend etwas muß der Mensch ja leben. Darum habe ich das Sammeln von Raritäten angefangen. Mein bestes Stück ist ein Loch aus Mozarts Zauberflöte.
Habe ich bei einem Rundgang an einer Tür geschellt, öffnet mir die Dame des Hauses. Ich sage: »Gnädige Frau, ich sammle Antiquitäten, haben Sie nicht etwas Überflüssiges oder Unbrauchbares in Ihrer Wohnung?« Meint sie: »Moment, ich hole Ihnen meinen Mann!«
Da habe ich aber gesehen, daß ich wegkam. Bin ich mal wieder zum Arbeitsamt gegangen. Meinte der Beamte dort: »Was, Sie schon wieder! Sie wollen wohl gar keine Arbeit!«
»Aber sicher«, habe ich gesagt. »Früher, da war das anders, da habe ich mich ja immer vor der Arbeit gedrückt, aber jetzt – könnte ich stundenlang zusehen.«
»Ja«, meinte er, »aber ich habe Ihnen doch schon zehn Baustellen angeboten, und auf keiner wollten Sie anfangen.«
»Ich möchte ja, aber auf jeder Baustelle steht doch ein Schild »Betreten verboten!«
»Aber ich brauche jetzt unbedingt eine Arbeit. Ich war nämlich vorhin noch auf der Bank. Meinte der Angestellte zu mir, ich hätte mein Konto um 5 000 Mark überzogen, weiter ginge es nun wirklich nicht. Und ich kann doch deswegen nicht noch ein neues Konto eröffnen.«
Da hat der Arbeitsberater mir eine Stelle als Ober angeboten. Als ich aus dem Amt rauskam, hätte mich bald mein Nachbar umgerannt. Ich fragte: »Warum rennst du denn so?« Meinte er: »Ich will ins vegetarische Restaurant und muß da sein, bevor mein Essen verwelkt.« Dann blieb er doch noch einen Moment stehen und sagte: »Du, ich bin Vater geworden.« »Herzlichen Glückwunsch«, sagte ich. »Und wie geht es deiner Frau?« »Och, gut, die weiß es ja noch nicht.«
Das ist ein Kerl! Neulich war der beim Talentschuppen – haben die festgestellt, daß er mehr Schuppen als Talent hat.

Der ist ja so was von blöd! Der gießt sogar Tinte ins Goldfischglas, damit die Fische Nacht haben.
Neulich war ich bei ihm, da sehe ich, wie er mir Gips in den Rum schüttet. Ich fragte: »Was soll das denn?« Meinte er: »Na, du wolltest doch einen steifen Grog haben.«
Das ist ein Kerl! Wurde er neulich von seinem Chef gefragt: »Was steht denn diese Woche auf dem Terminkalender?«
Meinte er: »Montag, Dienstag, Mittwoch, Donnerstag, Freitag, Samstag, Sonntag.«
Aber ich kann Ihnen sagen, Ober ist auch kein leichter Job. Also die Meckereien, die man sich da anhören muß! Meinte ein Gast: »Herr Ober, das Steak schmeckt ja wie eine Schuhsohle, die man mit Knoblauch eingerieben hat.« »Einfach toll«, habe ich gesagt, »was Sie schon alles gegessen haben.«
»Herr Ober, wer hat denn das Fleisch in die Frikadelle getan?« Ich sagte höflich: »Der Koch natürlich.« »So«, meinte der Gast, »und wer hat es wieder herausgenommen?«
»Herr Ober, die Brötchen sind ja von gestern! Ich möchte Brötchen von heute!« »Da müssen Sie morgen wiederkommen, mein Herr!«
»Herr Ober, ist der Salat wirklich für zwei Personen?« – »Ja, natürlich.« »Und wieso ist dann nur eine Schnecke drin?«
Also den Job habe ich ganz schnell drangegeben. Habe ich mich in einer Firma vorgestellt. Meinte der Chef zu mir: »Sind Sie verheiratet?« »Nein«, sagte ich, »aber ich mache trotzdem alles, was mir gesagt wird.«
Sein Wahlspruch ist ja: »Wir haben zwar die Übersicht verloren, aber nicht den Mut zu immer neuen Entscheidungen.«
Einmal fragte er mich: »Wissen Sie eigentlich, daß wir in dieser Fabrik Kunstdünger herstellen?« »Natürlich, Herr Direktor!« »Na, dann hören Sie gefälligst auf, selbst soviel Mist zu machen!«
Also, das hat mich so gestreßt, da mußte ich sofort zum Arzt. Der gab mir eine Medizin und meinte: »So, diese Medizin nehmen Sie bitte in einem Zug.« »In Ordnung, Herr Doktor«, habe ich gesagt. »Zahlt die Krankenkasse auch die Fahrkarte?« Also, ich bin der Meinung, Arbeit ist gut, aber der, der sie erfunden hat, hätte sie sich patentieren lassen sollen, daß sie ihm keiner wegnimmt.
So jetzt muß ich aber los, ich glaube nämlich, ich habe einen dollen Job gefunden für mich. Ja, in der Zeitung stand heute eine Anzeige:

»Kognakschwenker gesucht«. Da werde ich mich mal vorstellen. Wenn das nicht klappt, dann werde ich Bademeister hier im Hallenbad. Dann kann ich bei meiner Pensionierung wenigstens auf ein chlorreiches Leben zurückblicken.

Zwischendurch bemerkt

Trinkspruch für Bastler

Der Petrus hoch am Himmelstor
spricht, bis hier oben dringt die Kunde,
so kam sie dann auch mir zu Ohr,
... gibt 'ne Runde.

Schönheit

Wer schön sein will, muß leiden,
drum ist ein schöner Mensch auch gar nicht zu beneiden.

Alkohol

Das Meer –
es spülte ans Gestade
eine leere Whiskyflasche –
schade!

Puppe

Spielt das Kind mit einer Puppe,
dann ist's der Mutter schnuppe.
Doch weh, es lacht ihr Mann
sich eine Puppe an!

Gutes Beispiel

Der Mond steht still und schweiget,
komm' ich spätnachts nach Haus.
Doch kaum mein Kopf sich zeiget,
schimpft meine Frau mich aus.

Ich kann voll Sehnsucht dann
nur zum Mond hin schauen.
Ach, wären doch wie er
auf Erden alle Frauen.

Der Baßgeiger

Erste Büttenrede

(Der Vortragende tritt in einem zu kleinen Frack, mit einer Nickelbrille und einem Baß auf.)

Wissen Sie noch, wer ich bin?
Vergessen Sie das! Ich bin ein ganz anderer geworden!
Inzwischen kenne ich Noten. Ja, ich habe geheiratet, und meine Frau hat mir die Flötentöne beigebracht.
Ich hoffe, auch Ihr Verständnis von Kunst und Musik hat sich gebessert! Also, reißen Sie sich am Riemen!
Gerade beim Reingehen erfahre ich, ich soll hier heute abend was Modernes bringen. Also bitte: Ich spiele Ihnen nun aus »Die lustigen Weiber vom Windsurfen« – die Stelle, wo der Fette aus Dingsda auf dem weißen Rössel das Wellenreiten probiert.
Ja, was haha? Gut – wenn Sie das nicht wollen. Bin ich mir sowieso zu schade für.
Schon mein berühmter Kollege Helmut Zacharias hat gesagt: »Also, der Baßgeiger beherrscht sein Instrument im Schlaf, nur wenn er wach ist, weiß er nichts damit anzufangen!«
Meine Damen und Herren, folgen Sie mir in die Zauberwelt der Musik. Ich spiele jetzt für Sie das Forellenquartett. Na, dann nicht! Ich stelle grad' fest, ich habe sowieso meine Spielkarten vergessen.
Ja, ist das vielleicht eine Art!? Ich arbeite hier, und Sie lachen!
Also, das eine sage ich Ihnen, das andere sag ich Ihnen morgen.
Sie arbeiten wohl bei der Bundesbahn – Sie lachen ja immer mit Verspätung.
Ich habe ja neulich noch ein internationales Gastspiel gegeben, in *(kleiner Ort in der Nähe)*.
Da ist einer zu mir gekommen und hat gesagt: »Verehrter Meister, entweder sind Sie krank oder blöd!« Ich hab mich untersuchen lassen – krank bin ich nicht.
Also, jetzt langt mir das! Wie soll man denn da ernst bleiben, wenn Sie dauernd lachen? Also, unterlassen Sie das gefälligst!
Ja, glauben Sie denn, ich mache Ihnen hier den Zupfgeigenhansel?! Publikum, ich kann auch anders! Ich kann Ihnen auch die National-

hymne von Grönland spielen, dann kommen Sie aber aus dem Zittern nicht mehr heraus! Das sag' ich Ihnen!
Wissen Sie was? Ich mache noch einen Versuch hier!
Ich spiele jetzt für alle, die Ihren Lohnsteuerjahresausgleich noch nicht ausgefüllt haben: Ich weiß nicht – was soll das bedeuten?
Na, wenn Sie das nicht wünschen, dann überschlage ich das Nächste!
Sind Sie mir sowieso alle zu jung für! Dann spiele ich lieber das Lied der Pferdediebe: Sah ein Knab ein Rößlein stehn.
So, da Sie bei den ersten drei Liedern so gut mitgesungen haben, spiele ich jetzt speziell für die Männer: Wem Gott will rechte Gunst erweisen, dem schickt er seine Frau auf Reisen.
Gut, wenn Sie das nicht wünschen, dann spiel' ich gar nicht mehr. Ist ja sowieso unter meiner Würde. Erst neulich riefen mich die Wiener Philharmoniker an und wollten mich engagieren, hab ich aber abgelehnt. Ja, ich spiel' doch nicht mit Amateuren!
Ich habe ja schon vor'm Sonnenkönig gespielt! Heute spiel' ich nur noch, wenn es regnet. Ja, bei so einem Sauwetter bleiben die Leute lieber im Saal als daß sie rausgehen.
Sie wissen doch, Gott hilf(t) Fischer – warum sollte er mir nicht auch mal helfen?
So, das wäre auch gesagt!
Also, Publikum, Sie kennen mich, ich bin ein friedfertiger Mensch – aber wehe, wenn Sie losgelassen!
Ich bin ja sowieso noch sauer, rief mich doch zu allem Überfluß heute morgen noch der Herr... *(Veranstalter)* an. »Herr Baßgeiger«, hat er gesagt, »Herr Baßgeiger, spielen Sie eventuell auch Wünsche des Publikums?« »Aber selbstverfreilich mache ich das!« »Ja, dann spielen Sie doch heute abend auf einer anderen Veranstaltung, aber bitte nicht hier bei uns!« Ja, das ist doch keine Art!
Ja, wer bin ich denn? Ich bin ein Künstler!
Wenn Sie mich nicht für voll nehmen – dann wissen Sie wohl nicht, wieviel ich heute schon getrunken habe?!
Publikum! Überspannen Sie den Bogen nicht! Es reicht, wenn ich das mache.
Und Sie da – ja, Sie, setzen Sie sich mal anständig hin! Sie sind wohl Jäger? Ja, Sie haben so einen verschossenen Rock an.
Publikum, nicht daß Sie meinen, ich wollte Sie hier auf den Arm nehmen! Sind Sie mir sowieso zu schwer für!
Fassen Sie sich! Schlips gerade! Lauscher aufgestellt! Ich spiele jetzt wirklich. Ich kann nicht anders – meine Ehre als Künstler verlangt das.

Bitte konzentrieren Sie sich! Ja, auch Sie dahinten!
(spielt ein paar Noten)
Und jetzt kommt die Weltsensation, die zweite Strophe spiele ich auswendig. *(dreht das Notenblatt um)*
Ich danke Ihnen trotz allem für Ihre Aufmerksamkeit!

Übrigens, Übrigens, Übrigens

Ein dummer Spruch kommt selten allein.

*

Nicht jeder Krug bricht am Brunnen,
mancher fällt auch in der Küche runter.

*

Schnupfen!
Da kann ich auch ein Lied von prusten.

*

Er hatte einen guten Schnitt gemacht,
aber seinen Verbandskasten vergessen.

*

Nicht jeder Tropfen, der vom Himmel fällt,
höhlt den Stein der Weisen.

*

Nicht jeder, der einen Bock geschossen hat,
ist Jäger.

*

Hast es besonders eilig du,
reißt dir bestimmt ein Band am Schuh.

*

Nicht nur Bilder fallen aus dem Rahmen.

*

Der Hammer geht so lange zum Nagel,
bis er den Daumen trifft.

*

Womit du auch anfängst,
hör auf!

Manche Kleider lassen alles erkennen,
nur keinen guten Geschmack.

*

Nicht jeder, der fernsieht,
beweist Weitsicht.

*

Gehe nie in eine Bierschänke,
weil du meinst, daß man dir Bier schenke.

*

Damit er nicht die Burg verließ,
warf man ihn ins Burgverlies.

Paul und Pauline

Zweites Zwiegespräch

(Paul hat ein Gebetbuch in der Hand und erscheint etwas später auf der Bühne. Pauline hat ein Einkaufsnetz mit zwei Konservendosen.)

PAULINE: Oh, guten Abend, meine Damen und Herren!

PAUL: Ach, hallo, Pauline!

PAULINE: Mensch, Paul!

PAUL: Gut, daß ich dich treffe. Wo geht's denn hier zur Kirche?

PAULINE: Geradeaus!

PAUL: So ein Pech, da will ich schon mal zur Kirche gehen, und da ist sie gerade aus.

PAULINE: Mensch Paul, hast du eigentlich schon die ganzen Leute hier begrüßt?

PAUL: Ach, nee! *(geht ins Publikum Hände schütteln)*

PAULINE: Mensch, Paul, du bist doch der größte Blödmann hier im Saal!

PAUL: Wie kannst du das behaupten? Du kennst die Leute doch gar nicht alle.

PAULINE: Sag mal, hast du eigentlich inzwischen geheiratet, oder wäschst du deine Hemden immer noch selbst?

PAUL: Beides. Kommst du gerade vom Einkaufen?

PAULINE: Ja, also ich finde das Leben wird immer leichter.

PAUL: Wieso das denn?

PAULINE: Na, früher mußte ich für 20 DM noch zehn Dosen nach Hause tragen, heute sind es nur noch zwei. Aber sag mal: Warum hampelst du hier eigentlich die ganze Zeit über so rum?

PAUL: Ach, ich muß aufpassen, daß ich nicht wie ein Düsenjäger durch den Saal schieße. Der Arzt hat mir nämlich auf der Brust eine Zugsalbe und auf dem Rücken einen Druckverband verpaßt.

PAULINE: Ach, hier, halt mal eben! *(gibt Paul das Netz)*
Ich muß mal eben etwas gegen meinen Schnupfen tun. Was machst du eigentlich, wenn du eine Erkältung hast?

PAUL: Ich habe da so ein altes Familienrezept. Ich lege mich ins Bett, hänge einen Hut ans Fußende und trinke soviel Whisky, bis ich zwei Hüte sehe. Das hilft immer!

PAULINE: Also, ich bin so voll von Penicillin – jedesmal, wenn ich niese, werden drei Mann gesund.

PAUL: *(hat inzwischen eine Zeitung aus dem Netz geholt)*
Hör dir das mal an: Rauschgifthändler gesucht ..., Tresorknacker gesucht ..., Ladendieb gesucht ...

PAULINE: Typisch, und dann heißt es immer, es gäbe nicht genügend Arbeitsplätze.
Aber hier, hör dir das an: Dachdecker vom Auto angefahren.

PAUL: Ja, ja, noch nicht mal auf dem Dach ist man vor den Autos sicher.
Ist ja überhaupt so schlimm heutzutage. Bei fast jedem Atemzug, den ich mache, stirbt ein Mensch.

PAULINE: Hast du es schon mal mit Mundwasser probiert?

PAUL: Sag mal, wie lange soll ich die Dosen noch halten?

PAULINE: Wart mal, steht doch drauf! Haltbar bis 1990.

PAUL: Ich habe mir gestern übrigens mit meiner Frau den Ring der Nibelungen angesehen.

PAULINE: Und kaufst du ihn ihr? – Sag mal, was machst du eigentlich beruflich?

PAUL: Ich schule jetzt um auf Kellner.

PAULINE: Warum denn das?

PAUL: Der Augenarzt hat gesagt, ich solle lieber Gläser tragen. Und wie geht es bei dir?

PAULINE: Bei uns im Büro wird ab nächster Woche die 30-Stunden-Woche eingeführt.

PAUL: Mensch, habt ihr aber einen noblen Chef!

PAULINE: Ach was, der darf das doch gar nicht wissen! Ach, hör mal, vielleicht kannst du mir das erklären. Warum haben eigentlich einige Flugzeuge Propeller?

PAUL: Damit der Pilot nicht ins Schwitzen kommt.

PAULINE: So einen Quatsch habe ich ja noch nie gehört!

PAUL: Nein, wirklich! Ich habe es doch selber schon gesehen. Als sich bei einem Flug plötzlich ein Propeller nicht mehr drehte, da kam der Pilot ganz schön ins Schwitzen.

PAULINE: Sag mal, wolltest du nicht im letzten Sommer nach England fahren?

PAUL: Daraus ist nichts geworden. Dieser Linksverkehr da! Also ich habe das mal ausprobiert zwischen Iserlohn und Lüdenscheid. Ich muß sagen: nichts für mich! Außerdem ist mir mein Auto gestohlen worden.

PAULINE: Du Pechvogel!

PAUL: Wie man's nimmt! Meine Schwiegermutter saß noch auf dem Rücksitz.

PAULINE: Wie redest du eigentlich über Frauen? Hältst du so wenig von Frauen?

PAUL: Nein, nein, was man auch immer sagen mag: Frauen sind jedenfalls das Beste, was es in dieser Art gibt.

PAULINE: Die Männer sind doch viel schlimmer. Wollte mich doch gerade auf der Straße ein Mann küssen. Ich bin vielleicht gelaufen!

PAUL: Und, hast du ihn eingeholt?

PAULINE: Sei nicht so fies zu mir! Da, guck, da hat mir grad schon wieder einer ein Kußhändchen zugeworfen!

PAUL: Quatsch, der hat doch nur sein Gebiß zurechtgerückt.

PAULINE: Zurechtrücken! Du gibst mir das Stichwort: Die vom Fernsehen sollte man auch mal zurechtrücken! Gestern hab ich wieder so einen hirnverbrannten Mist im Fernsehen gesehen.

PAUL: Selber schuld! Ich sehe mir grundsätzlich keine politischen Sendungen an. Ich schaue höchstens mal ab und zu in die Werbung. Kennst du eigentlich das neue Schönheitsmittel, das da jetzt angepriesen wird?

PAULINE: Ja, sicher! Ich benutze es doch jeden Tag!

PAUL: Habe ich mir doch gedacht, daß das Zeug nichts taugt. Aber das ZDF plant ja jetzt zur Belebung des Abendprogramms ein ganz neues Quiz, das sich den aktuellen Problemen widmen soll.

PAULINE: Wie heißt das denn?

PAUL: Preissteigerungsraten! Wer die Preissteigerung richtig geraten hat, bekommt vom Wirtschaftsminister persönlich die Hand geschüttelt.

PAULINE: So, jetzt muß ich aber weiter, ehe die Geschäfte zumachen. Ich muß nämlich noch zwei Kilo Zitronen kaufen.

PAUL: Was willst du mit soviel Zitronen?

PAULINE: Dumme Frage, essen natürlich.

PAUL: Warum ißt du soviel Zitronen?

PAULINE: Na, Zitronen reinigen den Körper.

PAUL: Und ich Idiot bade!

PAULINE: Aber jetzt muß ich auch schnell gehen. Ich habe nämlich eine dringende Verabredung mit jemandem, der mir 100 Mark geliehen hat.

PAUL: Wo wollt ihr euch denn treffen?

PAULINE: Hier! Tschüs!

PAUL: Tschüs!

Die Emanze

Büttenrede

Mit der Herrschaft der Männer, da ist's jetzt vorbei!
Frauen! Folgt meinem Beispiel, macht euch davon frei!
Lange genug hatten die Männer die Hosen an.
Jetzt ist's an der Zeit, wir Frauen sind dran!
Was die Männer können, das könn' wir schon lange,
davor haben *wir* bestimmt keine Bange.
Das werden wir ihnen schon gründlich beweisen
und zuerst mit unserem Sekretäre verreisen.
Doch eins ist gewiß, und – glaubt mir! – das Ganze
kannst du nur als Emanze!

Mein Mann ist jetzt Hausmann und hütet die Blagen.
Ich wasche am Samstag unseren Wagen.
Ich hacke das Holz, und er kocht das Essen,
er kriegt was zu hören, hat er's Putzen vergessen.
War er mal eine Woche lang lieb zu mir
und vergaß auch beim Einkauf niemals mein Bier,
und bügelte er akkurat meine Hosen,
schenke ich ihm eventuell Rosen.
Doch eins ist gewiß, und – glaubt mir! – das Ganze
kannst du nur als Emanze!

Ich fahr Mercedes und er einen Polo,
zum Tanzen geh *ich* – natürlich nur solo.
Er sitzt dann zu Hause und stopft meine Strümpfe,
sieht mit den Kindern im Fernseh'n die Schlümpfe.
Ich geh mit Kollegen des öfteren kegeln,
dafür darf er manchmal mit mir zum Segeln.
Er steht dann als Koch in der Kombüse am Herd,
so ist er beim Segeln auch noch was wert.
Doch eins ist gewiß, und – glaubt mir! – das Ganze
kannst du nur als Emanze!

Doch wollen wir die Männer nicht nur runterbuttern,
denn wenn wir mal krank sind, sollen sie uns ja bemuttern.

Drum seid auch mal nett zu eurem Gatten!
Den Kaffeeklatsch wöchentlich – müßt ihr gestatten.
Denn einmal, da müssen die Männer auch raus,
dann sind sie auch lieber ansonsten zu Haus.
Und waschen und nähen und häkeln und stricken,
und wir verdienen indessen die Mücken.
Doch eins ist gewiß, und – glaubt mir! – das Ganze
kannst du nur als Emanze.

Die Männer, die sollen sich nur nicht so brüsten!
Wir haben ja doch die hübscheren Büsten.
Doch legen wir darauf gar keinen Wert,
wir wollen fort vom heimischen Herd.
Wir wollen nicht länger den Kochlöffel schwingen,
denn *wir* sind geboren zu höheren Dingen.
Mit der Schöpfung des Mannes, ja, da war Gott schnell,
doch dann kamen *wir*, das bess're Modell.
Doch eins ist gewiß und – glaubt mir! – das Ganze
kannst du nur als Emanze.

Die Politik nehmen wir jetzt in unsere Hände,
auch dort wird es Zeit für die entscheidende Wende!
Wir bringen den Laden schon wieder in Schuß,
denn was die Männer da machen, das ist doch Stuß.
Wir werden das Staatsschiff schon richtig lenken,
denn Männer, die können ja nicht richtig denken.
Wir raten euch darum, habt zu uns Vertrauen,
die wahren Politiker sind doch wir Frauen.
Doch eins ist gewiß, und – glaubt mir! – das Ganze
kannst du nur als Emanze.

Ich weiß, manche Männer halten uns nicht mehr aus,
sie gehen auf die Flucht schon ins Männerhaus.
Das macht uns nichts aus, das kann uns nicht stör'n,
dann brauchen wir ihr Gequengel nicht hör'n.
Ihr dauerndes Betteln um Haushaltsgeld
als gäb' es nichts Wicht'geres auf der Welt.
Soll'n sie doch gehn, ich werd sie nicht halten,
ich komme recht gut aus ohne den Alten.
Doch eins ist gewiß, und – glaubt mir! – das Ganze
kannst du nur als Emanze.

Doch wenn ich das alles so recht überlege,
sind wir da wirklich auf dem richtigen Wege?
Ob wir uns nicht doch auch mal danach sehnen,
daß die Männer uns wieder so richtig verwöhnen?
Wär es nicht auch mal schön, einfach Mutter zu sein?
Würden wir uns nicht über ein Kind auch sehr freu'n?
Doch daß die Männer die Kinder kriegen
und statt unsrer im Wochenbett liegen –
glaubt mir! – das Ganze
kannst du auch nicht als Emanze!

Übrigens, Übrigens, Übrigens

Stecke deine Nase ins Buch,
aber vergiß nicht, in welches.

*

Die Äpfel, die du deinem Nachbarn klaust,
braucht er nicht selbst zu pflücken.

*

Wer immer gleich mit der Tür ins Haus fällt,
muß eine gute Versicherung haben.

*

Die Tiefe des Schlafes
ist nicht von der Höhe des Bettes abhängig.

*

Manche Brille ist beschlagener
als ihr Träger.

*

Nicht jeder, der im Schlaf gestört wird,
ist ein aufgeweckter Junge.

*

Ein Stilbruch
kann nicht gegipst werden.

*

Die Blockschrift
ist auch für Hefte geeignet.

*

Bos(s)kop(p)
ist nicht der Kopf des Chefs.

*

Das Klopapier ist ausgegangen –
wo will es denn nur hin?

*

Und da fiel der Regen
aus allen Wolken.

Hans und Heiner

Erstes Zwiegespräch

HANS: Wo kommst du denn so spät her?

HEINER: Aus der Oper.

HANS: Du warst in der Oper? Wie war es denn?

HEINER: Ach, die waren vielleicht besoffen, die haben den ganzen Abend nur gesungen.

HANS: Hast du dir vor der Aufführung wenigstens ein Textbuch gekauft?

HEINER: Textbuch? Ich wollte doch nicht mitsingen.

HANS: Junge, Junge, du bist aber auch wirklich zu dämlich!

HEINER: Ich und dämlich? Ich habe vor kurzem sogar noch eine Enzyklopädie bekommen.

HANS: Ja, warum hast du dich denn nicht dagegen impfen lassen?
Sag mal, warum bist du gestern eigentlich so früh vom Stammtisch nach Hause gegangen?

HEINER: Ich bin gar nicht nach Hause gegangen. Ihr habt mich unter'm Tisch liegen lassen.
Und als ich dann um drei Uhr endlich zu Hause ankam, kochte meine Frau vor Wut.

HANS: Du hast aber auch ein Glück – ich bekomme um die Zeit nichts Warmes mehr zu essen.

HEINER: Apropos Essen: Ich hab' mir gestern ein halbes Schwein gekauft.

HANS: Du bist aber doch wirklich zu blöd! Das kippt dir doch dauernd um.

HEINER: So mußt du gerade mir kommen! Ich bin nicht blöd! Mein Chef hat gestern noch zu mir gesagt, ich wäre sein bestes Pferd im Stall.

HANS: Das wird schon stimmen – du machst ja auch den meisten Mist.
Du würdest übrigens ein ideales Vorhängeschloß abgeben.

HEINER: Ich, warum?

HANS: Weil du so schnell einschnappst!
Gehst du eigentlich zu Figaros Hochzeit?

HEINER: Nein, ich schicke Blumen.
Was machst du eigentlich beruflich?

HANS: Ich bin Starfotograf!

HEINER: Ach, das muß doch langweilig sein, immer denselben Vogel zu fotografieren.

HANS: Ich hab' sogar schon ein Bild von einem Ölscheich.

HEINER: Ach, du, das wäre was für mich! Das würde ich gerne sein, so ein Scheich mit 200 Haremsdamen.

HANS: Mensch, bist du verrückt! Überleg doch mal, 200 Schwiegermütter!

HEINER: Du, sag nichts gegen Mütter! Meine Mutter zum Beispiel war eine bildhübsche Person.

HANS: So, dann gleichst du also wohl mehr deinem Vater.

HEINER: Aber wo wir gerade von Frauen reden: Welche Frauen hast du eigentlich lieber? Die, die viel reden, oder hast du die anderen lieber?

HANS: Welche anderen?
Aber sag mal, kennst du eigentlich meine entzückende Frau?

HEINER: Wieso, hast du zwei?

HANS: Also!?

HEINER: Du, ich muß noch kochen.

HANS: Wie, ist deine Frau krank?

HEINER: Nee, das nicht, aber um diese Zeit hat sie immer einen fürchterlichen Hunger.

HANS: Na, tschüs denn. Und grüß schön zu Hause, wenn du zu Wort kommst!

Zwischendurch bemerkt

So fing es an!

Der Adam einst im Paradiese
lag auf seiner Blumenwiese.
Sprach: »Herr, ich bin ja so allein.
Ich frage dich, Gott, muß das sein?«
Der Herr sprach: »Adam, hör gut zu!
Bleib allein, dann hast du Ruh!«
Doch Adam bat ihn gar so sehr,
da – fügte sich der Herr.
Nahm ihm ein Rippchen aus dem Leib
und erschuf das erste Weib.
Ach, hätt' er auf den Herrn gehört,
wie schön wär's heut auf dieser Erd!

Besuch beim Arzt

Büttenrede

(Der Vortragende tritt im weißen Kittel auf.)

Haben Sie auch alle Ihren Krankenschein mit?
Sie wissen ja, das Wichtigste ist der Krankenschein – eine teure Krankheit, die fällt mir schon ein.
Vor kurzem war ein Priester bei mir in der Praxis. Er sagte: »Ach, Herr Doktor, ich fühle mich gar nicht wohl.« Ich fragte: »Reden Sie vielleicht im Schlaf?« »Nein«, meinte er, »ich rede, wenn andere schlafen.«
»Tja«, sagte ich, »das ist eine echte Berufskrankheit.« »Berufskrankheit?», fragte er. »Dann wird es wohl das beste sein, Sie schicken die Rechnung *(mit der Hand nach oben deutend)* an meinen höchsten Chef.«
Ja, ja, da hat man so eine schwere Ausbildung hinter sich, und dann so etwas!
Das Schlimmste war ja die Prüfung. »Nennen Sie mir ein eisenhaltiges Abführmittel!« »Handschellen«, sagte ich, »aber ich wollte eigentlich Arzt werden und nicht Polizist.«
Darum habe ich auch auf keine Frage mehr geantwortet. Sagte der Professor zu mir: »Sie können ruhig antworten, Ihre ärztliche Schweigepflicht hat noch nicht begonnen.«
Aber die dritte Prüfung hat dann geklappt. Die zweite konnte ja sowieso nicht klappen – dieselben Prüfer und die gleichen Fragen wie beim ersten Mal.
Dann habe ich im Krankenhaus angefangen. Nach meiner ersten Entbindung meinte der Chefarzt zu mir: »Na ja, das war ja schon ganz gut, aber sie hätten dem Baby einen Klaps auf den Po geben müssen und nicht der Mutter.«
Dort durfte ich auch einmal bei einer Operation zusehen. Als ich nachher den Patienten in sein Zimmer zurückbrachte, sagte er: »So, das wäre geschafft.« Meinte sein Bettnachbar: »Freuen Sie sich nicht zu früh! Bei mir hatten sie einen Wattebausch im Bauch vergessen.« »Und bei mir eine Pinzette«, meinte ein Zweiter. In dem Moment ging die Tür auf, und der Chefarzt fragte: »Hat vielleicht jemand meine Handschuhe gesehen?«

Dann habe ich von einem alten Kollegen die Praxis übernommen. Da fiel mir eine große Flasche mit Tabletten auf, die keine Aufschrift hatte. Ich fragte: »Was ist denn das für ein Mittel?« »Ach«, meinte mein Kollege, »*die* Arznei habe ich all den Patienten gegeben, bei denen ich nicht wußte, was sie hatten!«

Gleich am ersten Tag kam einer in meine Praxis, der zitterte am ganzen Körper. Ich sagte: »Sie haben ja schwere nervöse Störungen.« »Ja«, meinte er, »das kommt vom Angeln.« »Aber hören Sie mal«, sagte ich. »Angeln beruhigt doch die Nerven!« »Tja«, sagte er, »vielleicht mit Angelschein!«

Kurz darauf rief ein Mann an: »Herr Doktor, meine Frau hat sich den Kiefer verrenkt. Können Sie vielleicht im Laufe des nächsten Monats mal vorbeikommen?«

Dann kam einer rein: »Herr Doktor, Sie müssen mich gründlich untersuchen.« »Was fehlt Ihnen denn?« »Ja, früher habe ich zehn Glas Bier hintereinander trinken können.« »Na, und?«, fragte ich. »Jetzt brauche ich nach jedem zweiten Glas Bier einen Schnaps.«

»Das sieht nicht gut aus«, sagte ich. »Als verantwortungsbewußter Arzt muß ich Ihnen sagen, Sie sollten jedesmal, wenn Sie die Lust auf einen Schnaps überkommt, eine Apfelsine essen.« »Das geht leider nicht«, meinte er. »Ich kann doch nicht 20 Apfelsinen am Tag essen!« »Na dann nicht«, sagte ich. »Dann muß ich Ihnen aber sagen, wenn Sie so weitertrinken, werden Sie nicht alt!« »Oh, prima!« meinte er. »Ich wußte es ja immer, daß ein guter Tropfen jung hält.«

Kurz darauf war Herr ... bei mir. »Herr Doktor, ich rede im Schlaf.« »Ist das denn so schlimm?«, fragte ich ihn. »Oder stört es Ihre Frau?« »Nein«, sagte er, »das nicht, aber das ganze Büro lacht über mich.«

Auf der Straße treffe ich den Kollegen ... »Na«, fragte ich, »am Sonntag Erfolg gehabt auf der Treibjagd?« »Ach«, meinte er, »so leidlich, zwei Hasen – und vier neue Patienten.«

Kommt eine junge Mutter zu mir und sagt: »Unser Opa verliert seine Zähne, und jetzt passiert meinem achtjährigen Sohn dasselbe. Ist es möglich, daß unser Opa das Kind angesteckt hat?«

Kommt Herr ... zu mir. »Herr Doktor, ich leide so darunter, daß ich dauernd übersehen werde.« Hab ich gesagt: »Der Nächste bitte!«

Ich habe ihm dann aber doch ein Rezept gegeben. »Hier, das müssen Sie dreimal täglich schlucken, dann geht es Ihnen bald besser.« Fragte er: »Und wann bekomme ich die anderen zwei Rezepte?« »Welche anderen zwei?« »Ja, ich kann doch ein einziges Rezept nicht dreimal schlucken!«

Kommt einer in meine Praxis und stopft sich Tabak in beide Nasenlöcher. »Oh«, sage ich, »das ist wirklich höchste Zeit, daß Sie kommen. Sie haben Hilfe dringend nötig.« »Jawohl«, sagte der Patient. »Würden Sie mir bitte Feuer geben?«
Ich sagte: »Ich verschreibe Ihnen ein paar Zäpfchen.« Nach zwei Wochen kam er wieder. »Na«, fragte ich, »haben die Zäpfchen geholfen?« »Das schon«, meinte er. »Aber die waren ja so pappig, daß sie mir dauernd zwischen den Zähnen hängenblieben.«

Zwischendurch bemerkt

Alter

Wenn der Bauch den Hosenbund verdeckt,
wenn dich auch längsgestreift nicht richtig streckt,
wenn deine Haare fallen aus,
wenn du durch 'ne Brille schaust,
wenn nichts mehr hält ganz ohne Halter,
dann kommst du ins gereifte Alter.

Geld

Geld stinkt nicht,
sagt man so leicht.
Soll es doch stinken,
wenn es nur reicht!

Noch einmal: Geld

Geld allein macht auch nicht glücklich,
das sehe ich wohl ein.
Doch andrerseits, da überleg ich –
muß man immer glücklich sein?

Ertappt

Du träumst vom Meer,
du träumst vom Strand,
von schönen Mädchen dort im Sand.
Du träumst, du wärest der,
nach dem sich jede Frau umdreht,
dem keine jemals widersteht.
Doch plötzlich – weckt dich wer.
Du rufst erbost: »Was soll das hier?«
Da steht dein lieber Chef vor dir.
Moral:
Büroschlaf hält zwar jung und frisch,
doch bleibt die Arbeit auf dem Tisch.

Der Pechvogel

Büttenrede

(Der Vortragende tritt in zerschlissener Kleidung auf.)

Noch nie waren die Frauen so schön wie heute – die Männer sind! Oh, ist mir das aber peinlich! Ich hab' aber auch ein Pech!
Doch nichts für ungut. *Meine* Frau ist ein prima Kerl! Sie ist ein Schmuckstück, ein Juwel! Ja, die muß ich mit Fassung tragen. Ja, ich hab ein Pech! Kam ich gestern nach Hause, lag da ein Zettel: Komme später, bin bei einer Freundin. Das hätte *ich* mal schreiben sollen, dann hätte ich aber Pech gehabt!
Meine Frau, die hört ja überhaupt kein Radio. Nee, die sagt immer: »Der beste Sender ist doch immer noch der Tausender.«
Ihr Lieblingsspruch ist ja: »Heinz, deine Brieftasche tut mir ja so leid – ich führe sie mal spazieren!«
Aber ein Gutes hat meine Frau ja – ihre Gesangsstunden, die haben sich gelohnt. Ich konnte jetzt die beiden Nachbarhäuser ganz preisgünstig kaufen.
Nur auf dem Finanzamt wollten sie mir doch Schwierigkeiten machen. Hab' ich zu dem Finanzbeamten gesagt: »Also, lieber Mann, jetzt nehmen Sie doch mal Vernunft an!« »Tut mir leid«, meint er. »Ich bin Beamter, ich darf nichts annehmen.«
Aber ich kann Ihnen eine gute Nachricht bringen. Das Finanzamt gibt seinen Betrieb auf. Was, Quatsch? Nee, wirklich, ich habe gestern einen Brief bekommen, da stand drin: »unwiderruflich letzte Mahnung«.
Ich will Ihnen was sagen: Der einzige Job, der heutzutage noch was einbringt, ist doch, in Hollywood Eheringe zu vermieten. Aber wann kommt unsereiner schon mal nach Hollywald?
Eheringe! Das erinnert mich wieder an meine Frau. Ja, ich hab ein Pech! Fragte sie mich neulich: »Du, Heinz, was ist eigentlich Seelenwanderung?« »Das«, sagte ich, »ist eine alte indische Lehre, die besagt, daß man nach seinem Tod in der Gestalt eines Tieres wieder auf die Welt kommt.« »Das ist ja toll«, meinte sie. »Dann kann es mir also passieren, daß ich als Gans wiedergeboren werde.« »Nee«, sagte ich. »Zweimal dasselbe geht nicht!«

Aber auch mit den Kindern hat man so seinen Ärger. Kam ich doch neulich nach Hause, da sehe ich zu meinem Entsetzen, wie mein kleiner Sohn aus einer Pfütze Wasser trinkt. Ich sagte: »Hör mal, das darfst du aber nicht machen! Davon kann man krank werden, in dem Wasser sind doch Bakterien drin!« »Ach, die«, meinte er, »die sind doch schon alle tot. Ich bin vorhin ein paarmal mit dem Dreirad durchgefahren.«
Ich bin ja auch ungeheuer musikalisch. Ich spiele sogar Klavier. Schellt es doch letztens an der Tür: »Ich komme, um Ihr Klavier zu stimmen.« »Aber«, sagte ich, »ich habe Sie doch gar nicht bestellt!« »Ja, Sie nicht, aber Ihr Nachbar.«
Dem Nachbarn habe ich aber Bescheid gesagt. Als ich dann ins Krankenhaus eingeliefert wurde, meinte die Stationsschwester zu mir: »Legen Sie sich schon mal hin, ich bringe Ihnen dann gleich die Bettpfanne.« »Wie?«, fragte ich, »muß man hier etwa selber kochen?« – Ich hab aber auch ein Pech!
Dann kam der Arzt und zog eine Spritze auf. Ich wurde ganz weiß vor lauter Angst. Da meinte der Arzt zu mir: »Sie brauchen gar keine Angst zu haben, es tut ganz bestimmt nicht weh! Die Spritze ist doch ganz stumpf.«
Ich war kurz vor dem Wegtreten, da hörte ich, wie meine holde Gattin den Arzt fragte: »Herr Doktor, bitte sagen Sie mir die Wahrheit, wird mein Mann je wieder – Geschirr spülen können?«
Nachdem ich entlassen worden war, habe ich mit meiner Frau Urlaub in den Bergen gemacht. Als wir am Urlaubsort ankamen, meinte sie: »Ist das herrlich hier, fantastisch – ich bin ganz sprachlos!« »Na, wunderbar«, sagte ich, »dann bleiben wir sechs Wochen.«
Dann sprach mich so ein Einheimischer an: »Brauchen Sie Hosenträger?« »Nein, danke«, habe ich gesagt. »Ich trage meine Hosen selber.«
Dann sind wir in ein Geschäft gegangen. Sagte meine Frau zur Verkäuferin: »Ich möchte gern das grüne Kleid da im Schaufenster anprobieren.« Meinte die Verkäuferin: »Aber bitte – gerne, meine Dame, Sie können natürlich auch eine Kabine benutzen.«
Am letzten Abend gab es in unserem Hotel eine große Feier. Ich hatte meine Frau den ganzen Abend nicht gesehen. Plötzlich kommt sie auf mich zugestürzt und meint: »Mensch, Heinz, mein Gott, wie sechs Whisky dich verändern können!« Ich sagte: »Aber ich habe doch gar keine sechs Whisky getrunken.« »Aber ich!«
Auf der Rückfahrt wurden wir von einer Polizeistreife gestoppt. Meinte der Polizist: »Wir haben Sie gerade bei einer Geschwindig-

keitsübertretung fotografiert.« »Oh«, sagte ich erfreut. »Herzlichen Dank! Wenn das Foto hübsch geworden ist, hätte ich gerne vier Abzüge davon.«
Ich habe aber auch ein Pech! Gestern verkaufe ich mein Auto – und heute finde ich einen Parkplatz.
Bin ich zu Fuß in die Stadt gegangen. Sagte ich im Kaufhaus zur Verkäuferin: »Ich hätte gerne Unterhosen.« Fragte sie: »Lange?« »Ich wollte die kaufen, nicht leihen!«
Habe ich mir eine Zeitung gekauft. Sagte ich zu Hause zu meiner Frau: »Hier steht etwas über dich in der Zeitung.« »Über mich?«, fragte sie interessiert. »Ja, was denn?« »Ja, hier steht: Es gibt 30% zuviel Frauen auf der Welt!«
Doch nichts für ungut, Männer! Sagt mal ehrlich, wie könnten wir wohl ohne die Frauen leben? Wer hat da gesagt: »billiger«? »Das verbitte ich mir«, hat meine Frau gesagt.
Darum lassen Sie mich mit einer Lebensweisheit schließen:
Wer sein Herz am rechten Platz hat,
braucht nicht lange danach zu suchen.

Zwischendurch bemerkt

Verjüngung

Es sprach der Acker unter'm Schnee:
»Wenn ich auch nicht sehr viel seh',
mich deucht, mich düngt
ein Bauer,
damit das Jahr verjüngt
ich überdauer'.«

Leben auf dem Bauernhof

Mancher Hahn, der morgens munter kräht,
mittags auf dem Eßtisch steht.
Manche Henne trauert dann
abends furchtbar um den Mann.

Hält die Gans nicht ihren Hals,
kommt sie auf den Tisch als Schmalz.
Um das Essen abzurunden,
gibt es Ochsenschwanz gebunden.

Kalte Ente dann zum Schluß,
denn sie traf des Jägers Schuß.
Garniert ist sie mit frischer Sahne
von der Lieblingskuh Liliane.

So strengt ein jedes Tier sich an,
daß der Bauer essen kann.

Arme Linde

Unter ihrer Rinde,
da juckt es eine Linde,
und zwar ganz fürchterlich.
Darum befürchte ich,
sie wird dereinst noch platzen,
denn sie kann sich nicht kratzen.

Der Baßgeiger

Zweite Büttenrede

(Der Vortragende tritt in einem zu kleinen Frack, mit einer Nickelbrille und einem Baß auf.)

Ja, haha, Ihr habt wohl gehofft, ich käme nicht mehr, was!? Geschnitten auch! Ja, jetzt müßt Ihr euch wieder anständig benehmen! Also setzen Sie sich gerade hin!
Ja, beinahe wäre ich ja auch gar nicht gekommen. Nee, eine Bekannte von mir heiratet, und da hätte ich den Bräutigam spielen sollen.
Ich bin ja außerdem auch noch schrecklich verliebt. Ja, in eine junge Witwe, aber die kann ich noch nicht heiraten – der ihr Mann lebt noch.
Und dann, überhaupt, das ist ja schon eine Unverschämtheit, für was für eine Gage ich hier auftreten muß. Ist der Verein hier immer so knickerig?
Fragte mich doch der Herr... gerade: »Herr Baßgeiger, großer Meister, was gedenken Sie denn mit der Gage des heutigen Abends zu tun?« »Och«, sagte ich, »da kaufe ich mir ein Paar Socken für.« »Und den Rest?« »Ach«, sagte ich, »den Rest, den tut mir der Präsident dabei!«
Ja, das grenzt ja schon an eine Wohltätigkeitsveranstaltung!
Übrigens, Herr Präsident, ich gebe Ihnen dann nachher die Quittung für die Steuer.
Ja, was glauben Sie denn eigentlich, wen Sie hier heute abend vor sich haben? Ich bin ein Künstler! Ein Phänomen! Also richten Sie sich danach!
Ja, Sie haben doch sicher schon von der »Aktion Saubere Bütt« gehört. Ich mußte mich heute extra waschen!
Da wollte doch – ja, was bildet der sich eigentlich ein? Wollte doch der Veranstalter hier mir wirklich noch Vorschriften machen, was ich heute abend zu spielen habe. Sagte er doch zu mir: »Ich wünsche, daß Sie heute abend ›Auf der Lüneburger Heide‹ spielen.« Ich frage mich, was soll ich da? Da bin ich doch viel lieber hier! Auf der Lüneburger Heide ist doch gar nichts los!
Meine er: »Herr Baßgeiger, gehen Sie in sich!« Habe ich gemacht – da war auch nichts los.

Hat er mich gefragt: »Herr Baßgeiger, kennen Sie Goethes Faust?« Ich wußte ja gar nicht, daß der geboxt hat. Ich glaube so langsam, der wollte mir nur drohen. Ja, ist das vielleicht eine Art?
Also, wissen Sie was: Ich blase Ihnen gleich den Marsch! – Sie kennen doch den Unterschied zwischen einer Trompete und einem Sack Zement? Nein? Na, dann blasen Sie mal rein!
So, jetzt ist es aber gut hier, ja? Setzen Sie sich gerade hin! Ja, auch Sie dahinten! Kämmen Sie sich noch mal ordentlich!
Ich spiele jetzt wirklich.
(Spielen)
Zum Schluß möchte ich mich bei allen von Ihnen bedanken.
Ich danke allen Glatzenträgern, daß sie so lange ausgehaart haben.
Ich danke allen Schustern, daß sie mich nicht versohlt haben.
Ich danke allen Köchen, daß sie mich nicht in die Pfanne gehauen haben.
Und bei allen Narren bedanke ich mich, daß Sie über mich gelacht haben.

Übrigens, Übrigens, Übrigens

Ich verstehe nicht, daß die Bremsfliegen immer
bei mir bremsen müssen.

*

Als er in sein neues Häuschen zog,
war er ganz aus demselben.

*

Beim Kochen
gingen den Kartoffeln die Augen auf.

*

Er hat geglaubt, ein Specht zu sein,
so brach er sich sein Nasenbein.

*

Mensch, was ist der Himmel blau –
das sollte ich mir mal erlauben.

*

Besser im Klaren ertrinken
als im Trüben fischen.

*

Du mußt nicht denken, daß ich nichts weiß,
du mußt mir nur die richtigen Fragen stellen.

*

Putz deine Zähne,
solang sie noch da sind!

*

Fühlst du dich einsam?
Schaff dir Kontaktlinsen an!

*

Ein Igel in der Hand ist besser
als ein Kaktus im Hintern.

*

Hoffentlich ist das nächste Tief so tief,
daß es unter uns hergeht.

*

Sein Paß war zehnmal verlängert,
jetzt paßt er in keine Brieftasche mehr.

Hans und Heiner

Zweites Zwiegespräch

(Heiner betritt etwas später die Bühne, in der Hand hält er ein volles Bierglas.)

HEINER: Prost, Leute!

HANS: Weißt du eigentlich, wie spät es ist?

HEINER: Haha, den Trick kenne ich. *(Er steckt das Glas in die Hemdtasche und schaut erst dann zur Uhr.)* Es ist 21.45 Uhr.

HANS: Dein Schnürband ist offen!

HEINER: Wo? *(Er bückt sich, ohne das Glas aus der Tasche zu nehmen.)* Aber sonst geht es dir noch ganz gut?!

HANS: Nee, schlecht geht es mir. Ich bin gestern von einer zehn Meter langen Leiter gefallen.

HEINER: Und, bist du nicht verletzt?

HANS: Ich hatte Glück. Ich stand auf der untersten Sprosse.

HEINER: Wir haben uns ja lange nicht gesehen. Was machst du eigentlich beruflich?

HANS: Ich bin beim Theater.

HEINER: Prima, und was machst du da?

HANS: Ich verteile Rollen.

HEINER: Mensch, ist das denn nicht unheimlich schwierig?

HANS: Ach nee, eigentlich gar nicht. Auf jeder Toilette eine. Aber du malst ja jetzt, habe ich kürzlich auf einer Ausstellung gesehen.

HEINER: Ja!

HANS: Also, ich muß schon sagen, deine Bilder sind wirklich die einzigen, die man sich auf dieser Ausstellung ansehen kann.

HEINER: Oh, vielen Dank für das Kompliment.

HANS: Ja, vor den anderen Bildern drängeln sich immer so viele Leute. Aber mal was anderes! Du, ich habe beim Rennen 200 DM verloren.

HEINER: Selber schuld! Warum rennst du auch so?

HANS: Kannst du mir nicht etwas Geld leihen?

HEINER: Ich, dir Geld leihen? Was für eine Garantie habe ich denn?

HANS: Das Ehrenwort eines sehr ehrlichen Mannes.

HEINER: So, dann bring den Mann her. Aber was willst du eigentlich mit dem Geld?

HANS: Meine Frau hat doch bald Geburtstag. Aber ich weiß noch gar nicht, was ich ihr schenken soll.

HEINER: Dann frag doch deine Frau!

HANS: Nee, soviel Geld wollte ich nun auch wieder nicht ausgeben.

HEINER: Also, wenn ich mich hier so umsehe, ich finde ja, die dümmsten Männer haben immer die hübschesten Frauen.

HANS: Ja, das finde ich auch. Übrigens, deine Frau ist ja eine bildhübsche Person.

HEINER: So mußt du mir kommen. Ich erobere jedes Mädchen im Sturm.

HANS: So? Und was machst du bei schönem Wetter?

HEINER: Da, guck doch! Da hat mich gerade schon wieder eine hübsche Frau angelacht.

HANS: Das glaub ich! Als ich dich das erste Mal sah, mußte ich auch lachen.

HEINER: Neidisch, wie? Dich würde ja kein Mädchen mehr anlachen. Dir sieht man doch auf 100 Meter Entfernung an, daß du verheiratet bist. Frischgewaschene Hemden, gebügelte Hosen, geputzte Schuhe ...

HANS: Ja, das war auch das erste, was sie mir beigebracht hat. – Ich kann ja jetzt auch Spanisch, Griechisch, Jugoslawisch und sogar Chinesisch.

HEINER: Sprechen?

HANS: Nee, kochen.

HEINER: Du stehst ja ganz schön unterm Pantoffel. Ich hab' das Motto: Kleine Geschenke erhalten die Freundschaft. Gestern habe ich noch einen reizenden kleinen Dackel für meine Frau bekommen.

HANS: Du hast ein Glück! So einen Tausch möchte ich auch einmal machen. – Ich traue mich gar nicht nach Hause.

HEINER: Warum denn das nicht?

HANS: Es ist etwas Fürchterliches passiert. Stell dir vor: Ich war gerade am Bahnhof, und meine Frau ist gar nicht mit dem Zug gekommen, mit dem ich sie erwartete.

HEINER: Na und?

HANS: Sie ist vermutlich schon seit gestern zu Hause.

Zwischendurch bemerkt

Der Hund

Zwischen Rosen und Kakteen
hab' ich einen Hund gesehen.
Lief weiter dann durch die Narzissen
und hat darauf ins Gras gebissen.
Beileibe, nein, 's war nichts passiert,
er hat nur kurz das Gras probiert.

Zurück dann wieder durch Narzissen,
er sollte wohl nach Hause müssen.
Doch, nein, er ging dann zu den Rosen
und wollt' ein Hundefräulein kosen.
So diente ihm das Gras wohl nur
zuvor als Vitaminzufuhr!

Zum Trost

Zur Henne mit der Trauermiene
sprach der Hahn: »Hör zu, Alwine,
wenn's mit dem Ei nichts wird,
dann wird eins adoptiert!«

China

Als ein Hasenehepaar
einstens mal in China war,
Sah der Hasenmann
sein Weib verzweifelt an
und sprach: »Jetzt stehn wir da
mit unsrem Löffelpaar« –
als er die Essensstäbchen sah.

Dringend

Nahmst aus Versehen du statt Bier
eine Flasche Rizinus zu dir,
laß von jeder Arbeit dich befrein
und lasse auch das Husten sein.
Vermeide es auch, laut zu lachen,
wenn andre ihre Witze machen.
Vermeide tunlichst, dich zu bücken,
denn das hat auch so seine Tücken.
Am besten ist, du suchst sofort
dein Quartier am »Stillen Ort«.

C – Cis

Vor einem Berg im Alpenland
stand ein junger Musikant.
Er sang ein lupenreines »C«,
doch das Echo – ach, oh weh –
gab ihm ein »Cis« zurück.
Er probiert noch mal sein Glück.
Als wiederum ein »Cis« er hört,
ist er doch zu Recht empört.
Den Grund zu finden brach er auf,
und – siehe da – er kam bald drauf.
Als er vor dem Berge stand,
er ein großes Kreuz dort fand.

Pech

Wenn einen schönen Traum zu hast,
du glaubst schon, es gelingt dir fast,
zu küssen ein Mädchen, hübsch und lecker,
dann – schellt bestimmt dein Wecker.

Szenen einer Ehe

Zweiter Sketch

(Er und sie sitzen auf einem Sofa und lesen Zeitung)

SIE: *(von der Zeitung aufsehend)* Du, hier steht, in Afrika lernen sich die Ehepartner erst nach der Hochzeit kennen.

ER: Bei uns noch viel später.

SIE: Denkst du eigentlich daran, daß ich dich morgen vor zehn Jahren geheiratet habe?

ER: Ja, schon, aber ich habe es dir verziehen.

SIE: Soll ich morgen zu unserem Hochzeitstag ein Huhn schlachten?

ER: Nein! Was kann denn so ein armes Huhn dafür?

SIE: Ach, hätte ich doch damals nur auf meine Mutter gehört und dich nicht geheiratet!

ER: Was? Deine Mutter hat dir abgeraten?

SIE: Immer.

ER: Mein Gott! Wie habe ich dieser Frau Unrecht getan! Als ich dich damals in der Disco angesprochen habe, war ich schon ein ganz schönes Rindvieh!

SIE: Übertreib nicht schon wieder! Schön warst du nie!

ER: Komm, wir wollen Frieden schließen. Was wünscht du dir denn von mir zum Hochzeitstag?

SIE: Etwas Unzerbrechliches. Am besten einen Tausendmarkschein.

ER: Was?!

SIE: Es ist schließlich deine Pflicht, meine Bedürfnisse zu bestreiten.

ER: Eben! Du behauptest, einen Tausendmarkschein zu benötigen, und ich bestreite das.

SIE: Hach, was bist du knickerig! Hier in der Zeitung steht, daß ein Mann seiner Frau für 50000 Mark Schmuck gekauft hat. Das wird mir wohl nie passieren.

ER: Und ich lese gerade, daß ein Mann seiner Frau Tag für Tag Prügel verabreicht. Sei froh, daß dir das nicht passiert! Ich glaube, da ist jemand an der Tür.

SIE: *(steht auf und geht in Richtung Tür)* Wenn das wieder der Gerichtsvollzieher ist, wirst du ihm wohl hoffentlich die Zähne zeigen.

ER: Lieber nicht, sonst nimmt er die auch noch mit.

SIE: *(öffnet die Tür)*

ER: Was ist?

SIE: Die Briefträgerin!

ER: Was für mich?

SIE: Nee, viel zu jung! *(kommt zurück)*

ER: *(liest aus der Zeitung vor)* Ja, ja, hier steht es wieder. Es ist so gut wie erwiesen, daß Dummheit auf Vererbung zurückzuführen ist.

SIE: Nun hör bloß auf, deine Eltern zu beleidigen!

ER: Jetzt langt mir das aber! Ich gehe mich rasieren. Und damit du gleich Bescheid weißt, heute abend wird es später. Wir trinken im Gesangverein noch ein Fäßchen Bier, und vorher haben wir Probe. *(geht ab)*

SIE: Wieso Probe? Saufen könnt Ihr doch alle! *(liest aus der Zeitung vor)* Hier steht es wieder: Wir armen Hausfrauen! In der Küche passieren die meisten Unfälle.

ER: Ich weiß, ich muß sie ja alle essen! *(kommt wütend zurück)* Was zum Henker ist denn mit meinem Rasierpinsel los? Der ist ja überhaupt nicht mehr zu gebrauchen!

SIE: Das verstehe ich nicht. Als ich den Küchenstuhl heute morgen damit lackiert habe, war er noch ganz in Ordnung.

ER: Ja, wenn du schon etwas in die Finger kriegst! – Was gibt es denn gleich eigentlich zu essen?

SIE: Wieder falschen Hasen.

ER: Ja, zum Kuckuck, haben die Biester denn nicht endlich mal Schonzeit? Weißt du was, ich esse vor der Probe in der Wirtschaft etwas.

SIE: Ich sage es ja immer, alle Männer sind und bleiben Dummköpfe.

ER: *(beim Rausgehen)* Das kann nicht stimmen. Es gibt ja auch Junggesellen.

Zwischendurch bemerkt

Freiersfüße

Begibst du dich auf Freiersfüße,
weil du gefunden deine Süße,
mit der du willst durchs Leben gehn,
dann bleib nicht wie ein Stoffel stehn
vor dem Vater deiner Frau.
Denk daran, dem ging's genau
wie heute dir – vor 20 Jahren.
Da hat er es auch erfahren,
daß Freiersfüße schwer wie Blei.
Drum, Junge nicht verlegen sei!
Der Mutter schenk 'nen Blumenstrauß,
doch pflück ihn nicht direkt am Haus.
Denn das wäre gar nicht klug,
im Stadtpark stehen doch genug.
Dann nimm die Hände aus der Tasche!
Dem Vater schenke eine Flasche,
am besten wäre Traubensaft.
Glaub mir, jetzt ist's bald geschafft.
Jetzt brauchst du ihm nur noch zu sagen:
»Ich hätte da mal ein paar Fragen.
Erstens: Wie sieht es mit der Mitgift aus?
Zweitens: Rückst du deine Tochter raus?«
Bist mit der Antwort zu zufrieden,
dann kannst du Zukunftspläne schmieden!

Paul und Pauline

Drittes Zwiegespräch

(Paul erscheint etwas später auf der Bühne und macht einen recht erschöpften Eindruck)

PAULINE: Was ist denn mit dir los, Paul? Du machst so einen müden Eindruck.

PAUL: Ach, ich war gerade beim Pferderennen. Bin ich vor dem Start noch schnell mal eben in die Pferdeboxen gegangen. Dort ist mir das Schnürband gerissen, und ich bücke mich. In dem Moment kommt so ein kurzsichtiger Jockey und wirft mir einen Sattel über.

PAULINE: Und was hast du gemacht?

PAUL: Ach, bloß den vierten Preis.
Aber stell dir vor, ich habe vorhin vier Hufeisen gefunden. Was mag das zu bedeuten haben?

PAULINE: Na, ist doch ganz klar! Daß jetzt ein Pferd barfuß herumläuft.

PAUL: Ach, Pauline, das muß ich dir erzählen. Mein Hund hat mir das Leben gerettet.

PAULINE: Nanu, der kleine Kerl!

PAUL: Ja, drei Ärzte wollten an mein Krankenlager, aber keinen hat er rangelassen.

PAULINE: Was ich dich schon immer mal fragen wollte: Hat dein Hund eigentlich einen Stammbaum?

PAUL: Nein, er benutzt verschiedene Bäume.

PAULINE: Ich habe mir am Sonntag übrigens »Tannhäuser« angesehen.

PAUL: Ich wußte ja gar nicht, daß du bauen willst.
Ich baue mein Haus ja selbst. Gestern habe ich noch 500 Fliesen verlegt.

PAULINE: Hoffentlich findest du sie wieder.
Aber von Kultur und Kunst hast du ja immer noch keine Ahnung. Ich schwärme ja unheimlich von Mozart.

PAUL: Ach, hör mir doch mit deinem albernen Mozart auf. Das einzige Brauchbare, das er geschrieben hat, ist doch »Tristan und Isolde«.

PAULINE: »Tristan und Isolde« ist doch von Wagner.

PAUL: Na, siehst du! Nicht mal »Tristan und Isolde« ist von ihm.
Übrigens, als ich neulich im Hemd dastand, klopfte es.

PAULINE: Ans Hemd?

PAUL: Nein, an die Tür.

PAULINE: Ach, ich wußte gar nicht, daß du eine Tür am Hemd hast.

PAUL: Draußen stand meine Braut.

PAULINE: Deine Braut? Sag bloß, du heiratest?

PAUL: Ja, ich heirate.

PAULINE: Ist nicht wahr! Also, ich habe dich eigentlich für zu klug gehalten, eine Frau zu lieben, die dumm genug wäre, dich zu heiraten.

PAUL: Du würdest dich wundern: Die ist fast so schön wie ich. Aber ich kann dir sagen, das war vielleicht schwierig, bis ich sie das erste Mal küssen durfte. Sie hat darauf bestanden, daß ich das Verdeck vom Auto öffne, damit die Sterne in den Wagen scheinen. Das war eine Arbeit – eine Stunde habe ich gebraucht, bis ich das Verdeck auf hatte.

PAULINE: Eine Stunde? Ich mache mein Verdeck in zwei Minuten auf.

PAUL: Ja, du, mit deinem Cabriolet.
Kann ich übrigens damit rechnen, daß du mein Trauzeuge bist?

PAULINE: Na klar, ich bin doch ein Mensch, der einen Freund in der Stunde der Not nicht im Stich läßt.
Aber das sage ich dir: Der Mann, den ich mal heirate, muß ein Held sein, so ein richtiger Held, der weder Tod noch Teufel fürchtet.

PAUL: Na, so schlimm bist du ja auch wieder nicht, Pauline.

PAULINE: Du bist ja vielleicht gemein. Da ist mein momentaner Freund ja ganz anders. Der sagt immer, ich wäre die beste Hausfrau, die es gibt.

PAUL: Den würde ich an deiner Stelle ja niemals heiraten.

PAULINE: Wieso nicht?

PAUL: Na, hör mal, wenn der jetzt schon so lügt.

PAULINE: Was bist du eigentlich von Beruf, Paul?

PAUL: Innenarchitekt.

PAULINE: Und draußen?

PAUL: Und was machst du beruflich?

PAULINE: Ich leite jetzt einen Zweigbetrieb.

PAUL: Ach du liebe Zeit, wer kauft denn heutzutage noch Zweige?

Aber vielleicht kannst du mir dann mal einen Tip geben: Ich brauche eine Holzkiste, 30 Meter lang und 10 Zentimeter breit und hoch.

PAULINE: Was willst du denn damit? 30 Meter lang, 10 Zentimeter hoch und 10 Zentimeter breit?

PAUL: Ich will einen Gartenschlauch verschicken.

PAULINE: Nee, also das weiß ich auch nicht. Aber ich weiß, wo du ganz billig Gänse bekommen kannst.

PAUL: So! Wo denn?

PAULINE: In einer Bettenfabrik. Die brauchen nur die Federn und werfen die Gänse sowieso weg.

PAUL: Was habe ich gehört: Du badest täglich in Milch? Warum eigentlich?

PAULINE: Blöde Frage! Weil ich keine Kuh finde, die so groß ist, daß ich duschen kann.

PAUL: Sag mal: Was heißt eigentlich Shalom?

PAULINE: Friede.

PAUL: Richtig! Und was heißt El Shalom?

PAULINE: Ist doch klar! El Shalom heißt Elfriede.
Du könntest mich morgen übrigens mal besuchen kommen. Du weißt ja: dritter Stock, zweite Tür links. Du mußt mit dem Ellenbogen drücken.

PAUL: Warum mit dem Ellenbogen?

PAULINE: Na, du wirst doch wohl nicht mit leeren Händen kommen. Auf Wiedersehen Paul!

Ein armer Kerl

Büttenrede

(Der Vortragende tritt in gewöhnlicher Straßenkleidung auf.)

Ich bin schon ein armer Kerl! Gerade hat mich meine Frau noch angeschrieen: »Heinz, wie kommst du dazu, unsere Nachbarin zu küssen?« Dabei hat sie mir selber gesagt, ich solle der mal ordentlich über den Mund fahren.
Ich habe meine Frau ja nur deshalb geheiratet, weil sie ganz anders war als alle anderen Frauen, die ich kannte – ja, sie war die einzige, die mich haben wollte.
Ich will ja nichts sagen: Es gibt ja wirklich sehr gute Frauen, aber die sind alle mit anderen Männern verheiratet. Ja, ich bin schon ein armer Kerl!
Meine Frau, die kann ja reden wie ein Buch. Besonders dann, wenn sie einen neuen Einband braucht.
Aber auf meine Klamotten achtet die ja überhaupt nicht. Gerade, als ich gehen wollte, sagte ich zu ihr: »Du, an meinem Hemd fehlt ja ein Knopf.« »Na und«, meinte sie, »zieh dir eine Jacke über!« »Ja, aber an der Jacke fehlen doch zwei Knöpfe!« »Ja«, meinte sie, »willst du etwa ohne deinen Mantel gehen?«
Ja, ich bin wirklich ein armer Kerl! Aber ich bin es ja gewohnt, meine Klappe zu halten und zu kuschen. Ich war ja schließlich beim Bund. Meinte dort am ersten Tag der Feldwebel zu mir: »Rekrut Schmalenbach, in die Küche Kartoffeln schälen!« Sagte ich: »Wie? Herr Feldwebel, ich dachte, heutzutage hätte die Bundeswehr längst Kartoffelschälmaschinen.« Meint er: »Natürlich hat sie die, das neueste Modell sind Sie!« Ich bin schon ein armer Kerl!
Einmal habe ich mich beim Kompaniefeldwebel beschwert: »Herr Feldwebel, meine Suppe ist ja voller Sand.« Meinte der: »Ja, sind Sie in der Armee, um über die Suppe zu meckern oder um Ihr Vaterland zu verteidigen?« – »Natürlich um dem Vaterland zu dienen, aber nicht, um es aufzuessen!«, habe ich gesagt.
In der Instruktionsstunde wurde ich gefragt: »Was würden Sie tun, wenn ein Unteroffizier oder ein Offizier Ihnen gegenüber tätlich würde?« »Ich würde ihn im Lazarett besuchen.« Schon durfte ich wieder Kartoffeln schälen. Ja, ich bin schon ein armer Kerl!

Während meiner Bundeswehrzeit habe ich auch ein hübsches Mädchen kennengelernt. Eines Abends habe ich sie vor ihrer Wohnung gefragt, ob es gestattet sei, noch weiter mitzukommen. »Ja, das geht nicht so ohne weiteres«, sagte sie, »ich muß erst nachsehen, ob die Luft auch rein ist.« Nach kurzer Zeit öffnete sie ihr Fenster und flüsterte: »Kannst du auch gut schleichen?« »Klaaar«, gab ich ebenso leise zurück. »Na schön, dann schleich dich mal nach Hause.« Ja, ich bin schon ein ganz armer Kerl!

Als meine Frau und ich unsere Hochzeitsreise planten, sind wir in ein Reisebüro gegangen. Habe ich gesagt: »Wir möchten gerne fliegen!« Meinte die Angestellte: »Einen Moment, ich fange Ihnen gleich ein paar.«

Auf der Hinfahrt habe ich mit dem Wagen ein Schwein überfahren. Bin ich sofort zum Bauern gegangen – verantwortungsbewußt, wie ich bin – und habe gesagt: »Es tut mir leid, aber ich werde Ihnen das Schwein ersetzen.« »Sie, Mann!«, meinte der Bauer verächtlich, »viel zu mager.« – Ja, ich bin ein armer Kerl!

Das Hotelzimmer am Urlaubsort war viel zu kalt. Mir klapperten nachts die Zähne im Glas. Ich konnte in der Nacht überhaupt kein Auge zu tun. Dauernd war so ein Rascheln an der Wand. Habe ich mich sofort beim Wirt beschwert: »Sie haben ja Wanzen hinter der Tapete!« Meint der: »Ja, Mann, was haben Sie denn hinter meiner Tapete zu suchen?«

Gegen Morgen kam einer in unser Zimmer und durchwühlte unsere Betten. »He«, sagte ich, »was machen Sie denn da?« »Ich bin der Direktor vom Flohzirkus, ich habe hier eine Jagd gepachtet.«

Da sind wir ausgezogen und haben uns bei einem Bauern einquartiert. Eines Tages kommt der älteste Sohn zum Bauern und sagt: »Vater, ich möchte gern ein Auto haben.« Sagt der Bauer: »Erst, wenn der Mähdrescher bezahlt ist.« Kam der zweite Sohn und sagte: »Ich möchte gern ein Moped haben.« Der Bauer sagt: »Erst, wenn der Mähdrescher bezahlt ist.« Schließlich bat der jüngste Sohn: »Papa, ich möchte ein Dreirad.« Er erhielt die gleiche Antwort: »Erst, wenn der Mähdrescher bezahlt ist.« Wütend ging der Jüngste auf den Hof. Sah dort den Hahn auf der Henne sitzen, trat nach ihm und sagte: »Solange der Mähdrescher nicht bezahlt ist, gehst du auch zu Fuß!«

Beim Skikurs habe ich ja auch schnell wieder aufgehört. Da sollte ich wedeln lernen! Ja, bin ich denn ein Hund?

Auf der Rückfahrt hält mich ein Polizist an und sagt zu mir: »Würden Sie wohl bitte mal bei mir pusten? Habe ich gesagt: »Aber gerne, Herr Wachtmeister, Sie müssen mir nur sagen, wo es bei Ihnen weh tut.«

Gestern war ich mit meiner Frau einkaufen. Meinte die Verkäuferin zu meiner Frau: »Dies hier ist eine besonders gute Pfanne, sie ist innen beschichtet. Es brennt nichts an.« Guckt meine Frau mich an und meint: »Ach, das ist gar nicht so wichtig. Hauptsache, die Pfanne liegt gut in der Hand, nicht wahr, Heinz?« Ja, ich bin schon ein armer Kerl!
Darum muß ich mich jetzt auch sputen, sonst komme ich zu spät, und sie probiert die Pfanne gleich aus.

Klein Susi

Büttenrede

(Die Vortragende tritt in kurzem Röckchen mit roten Schleifen im Haar auf.)

Hallo, Leute! Ich kann euch was sagen! Seitdem unserer Oma ihre Brille kaputt ist, ist sie dauernd erkältet. Jetzt muß sie sich nämlich immer auf das kalte Porzellan setzen.

Ach! Meine Eltern, die machen sich ja Gedanken! Ja, weil ich eine Eins in Sexualkunde habe.

Und morgens, wenn ich zur Schule soll, sagt meine Mutter immer: »Susi, wasch dir deine Hände!« So ein Quatsch! Ich melde mich doch sowieso nie.

Aber unser Lehrer erst mal – der ist vielleicht komisch. Hat der doch zu mir gesagt: »Susi, wenn du noch einmal mit so schmutzigen Händen in die Schule kommst, wasche ich dir den Kopf.« So ein Quatsch! Aber eins weiß ich: Ich will nie Ärztin werden. Da muß ich mir ja dauernd die Hände waschen.

Da ist unser Physiklehrer ganz anders. Der ist vielleicht klug! Ja, der hat uns erzählt, daß das Licht in einer Sekunde 300 000 Kilometer zurücklegt. Ich finde das ja toll. 300 000 Kilometer – daß das Licht bei der Geschwindigkeit nicht ausgeht!

Aber mein Kunstlehrer, der ist ja dumm! Der hat doch noch nie ein Pferd gesehen. Ja, wirklich! Ich habe heute ein Pferd gemalt, und er wußte nicht, was das sein sollte.

Heute im Naturkundeunterricht habe ich mich als einzige gemeldet. Ja, der Lehrer wollte wissen, wer von zu Hause ein paar Wanzen für das Mikroskop mitbringen kann.

Dann hat er noch gefragt, ob jemand von uns schon mal einem anderen das Leben gerettet hat. Da habe ich mich auch gemeldet und gesagt: »Ja, ich, nämlich meinem Neffen Uwe.« »Und wie hast du ihm das Leben gerettet?«, fragte er. »Ich habe die Antibabypillen meiner Schwester versteckt.«

Neulich habe ich ja meinen Vater erschreckt. Ja, ich habe ihm ein Zeugnis in die Hand gedrückt, er sieht sich die Noten an und meint: »Aber, Susi, so miserable Zensuren hast du ja noch nie mit nach

Hause gebracht!« »Ja«, habe ich gesagt, »das ist ja auch ein altes Zeugnis von dir, Papa!«
Meinte er: »Du bist ja vielleicht frech, Susi! In deinem Alter habe ich nicht gewagt, so frech zu sein.« »So«, sagte ich, »und wann hast du damit angefangen?« Patsch, hatte ich eine hängen.
Bevor wir im Sommer in Urlaub fuhren, hat meine Mutter mich gefragt: »Susi, was ist denn mit dir los? Freust du dich denn gar nicht auf den Urlaub?« »Überhaupt nicht«, habe ich gesagt. »Ich habe genau gehört, wie Papa gesagt hat, er hätte die Reiseroute schon zurechtgelegt.«
Ich bin dann aber doch mitgefahren. Wir waren am Meer. Aber immer, wenn ich meine Mutter fragte: »Mama, darf ich ins Wasser?«, hat sie gesagt: »Nein, Susi!« »Aber, warum denn nicht, Mama? Papa geht doch auch dauernd ins Wasser!« »Ja«, meinte sie, »der Papa hat ja auch eine hohe Lebensversicherung. Der soll ruhig was riskieren!«
Ich habe auch eine Freundin kennengelernt. Aber die war vielleicht doof! Dauernd mußte sie angeben: »Mein Vater hat das Loch für die Nordsee gegraben!« »Na und«, habe ich gesagt, »mein Vater hat das Tote Meer umgebracht!«
Oder: »Ätsch, mein Vater kann mit den Ohren wackeln!« Da kann ich ja nur drüber lachen. Mein Vater kann sich nämlich die Fußnägel schneiden – ohne die Strümpfe auszuziehen.
Einmal hat sie gesagt: »Ätsch, ich weiß schon, wie man Kinder kriegt!« Da habe ich erst so richtig gemerkt, wie blöd die war. Ich weiß nämlich schon, wie man keine kriegt!
Dann hat sie mich mal gefragt, ob mein Vater auch immer verlangt, daß wir vor jeder Mahlzeit beten. »Och nee«, habe ich gesagt, »meine Mutter kocht eigentlich ganz gut!«
Einmal habe ich ja meine Eltern belauscht. Da hörte ich, wie meine Mutter sagte: »Die ganze Nachbarschaft beschwert sich schon über das Kind. Ich würde vorschlagen, daß wir der Susi ein Fahrrad kaufen.« »Was?«, meinte mein Vater, »das Balg auch noch belohnen?« »Nein, das nicht«, sagte meine Mutter. »Aber dann verteilen sich ihre Streiche auf ein größeres Gebiet.«
Eigentlich hätte ich ja noch Zeit, denn morgen haben wir keine Schule. Unser Lehrer verreist nämlich. Ja, wohin, das weiß ich nicht. Er hat nur zu uns gesagt: »So, nun erst mal Schluß, liebe Kinder, morgen fahre ich fort.«
Aber ich muß jetzt trotzdem gehen, mein Vater will nämlich noch mit mir sprechen. Gerne gehe ich ja nicht, denn mein Papa redet soviel mit den Händen.

Übrigens, Übrigens, Übrigens

Lieber ausgekocht als eingemacht.

*

Zuviel Klarer macht den Blick trübe.

*

Besser ab und zu die Geduld verlieren
als dauernd einen Hunderter.

*

Lieber am Apfelstrudel den Magen verdorben
als im Wasserstrudel ertrunken.

*

Lieber von der Muse geküßt
als von einem Pferd getreten.

*

Lieber gestreichelt als gestrauchelt.

*

Sich zurücklehnen ist bequemer
als vorbeugen.

*

Lieber eine laufende Nase
als laufende Unkosten.

*

Besser Glück im Spiel
als Pech in der Liebe.

*

Man sollte sich nicht lange mit der Vorrede aufhalten,
sondern die Ausrede direkt parat haben.

*

Besser alles in Butter
als alles im Eimer.

*

Lieber vom Regen durchnäßt
als vom Winde verweht.

*

Lieber Bauklötze staunen
als Betonklötze schleppen.

Szenen einer Ehe

Dritter Sketch

(Sie sitzt schon am Frühstückstisch. Er kommt rein, hängt ein Handtuch über die Stuhllehne und setzt sich.)

ER: Also, wenn ich mich morgens rasiert habe, dann fühle ich mich immer um zehn Jahre jünger!

SIE: Ach, Liebster, wie wäre es dann, wenn du dich öfters mal abends rasieren würdest?

ER: Bist du etwa sauer? *(dann stolz)* Ich war doch wohl wirklich leise und habe dich nicht geweckt, als ich letzte Nacht nach Hause kam?

SIE: Du warst wirklich sehr ruhig.

ER: Na, siehst du, so respektiere ich deinen Schlaf, mein Schatz!

SIE: Das war nett von dir – nur deine Freunde, die dich trugen, haben einen teuflischen Krach gemacht.

ER: Du mußt schon entschuldigen, Liebling, daß ich in der Nacht mit einem Mordsrausch und einem blauen Auge nach Hause gekommen bin.

SIE: Um ehrlich zu sein, das blaue Auge hast du da noch nicht gehabt.

ER: *(holt ein Päckchen aus der Hosentasche)* Hier, Liebste, in diesem Etui habe ich ein kleines Geschenk für dich. Hoffentlich paßt es an deinen Finger.

SIE: Aber du sollst dich doch nicht so in Unkosten stürzen.

ER: Ist ja nicht der Rede wert. So teuer ist ein Fingerhut nun auch wieder nicht.

SIE: Also das will ich dir gleich sagen: Dieses Mal wünsche ich mir zum Geburtstag einen Nerz.

ER: Sollst du haben, Liebling! Aber unter einer Bedingung.

SIE: Und die wäre?

ER: Du mußt den Käfig selber sauberhalten.

SIE: Gut, daß du hier bist. Ich habe nämlich eine Menge Dinge, über die ich mit dir reden muß.

ER: Nanu, sonst mußt du immer über Dinge mit mir reden, die du *nicht* hast.

SIE: Jetzt werd aber nicht albern. Mir ist es sehr ernst damit. Ich finde, es wird Zeit, daß wir daran denken, unsere Tochter zu verheiraten.

ER: Ach, laß sie nur warten, bis der Richtige kommt.

SIE: Wozu warten? Habe ich ja auch nicht getan!

ER: Dauernd bist du anderer Meinung als ich.

SIE: Das ist aber auch gut so. Sonst hätten wir ja beide unrecht.

ER: Ach, ehe ich das vergesse: Ich glaube, in unserer Wohnung sind Mäuse.

SIE: Das kann doch gar nicht sein, wo du doch jeden Tag einen Kater hast. Was ich dich immer schon mal fragen wollte, findest du nicht auch, daß mich meine Gurkenmaske irgendwie jünger macht?

ER: Aber gewiß! Nur frage ich mich schon die ganze Zeit, warum du sie eigentlich immer wieder abnimmst.

SIE: Wo ist eigentlich deine Zärtlichkeit geblieben? Wenn ich daran denke, wie oft du früher neben mir gesessen hast und meine Hand gehalten.

ER: Das war auch zu einer Zeit, als du noch Klavier spieltest.
(nimmt die Zeitung und gibt ihr auch einen Teil)
Du, hier lese ich gerade, daß die meisten berühmten Männer völlig unbedeutende Väter hatten.

SIE: Na, dann hat unser Junge ja noch gute Chancen. Hier steht, daß 40% mehr Männer in Irrenanstalten leben als Frauen.

ER: Das mag stimmen. Aber wer brachte sie dahin?

SIE: Also, mich kriegst du nie in ein Flugzeug.

ER: Aber warum denn nicht?

SIE: *(auf die Zeitung deutend)* Hier steht, daß die Fluggesellschaften im letzten Jahr über 19% ihrer Passagiere verloren haben.
Übrigens, gestern mittag hat ein Bettler bei uns geklingelt. Ich habe ihm einen Teller Suppe und eine Mark gegeben.

ER: Hat er die Suppe gegessen?

SIE: Ja, natürlich.

ER: Na, dann hat er sich die Mark auch ehrlich verdient.

SIE: Stell dir vor, der neue junge Arzt hat mir doch wahrhaftig für ein halbes Jahr das Singen verboten. *(steht auf und geht in die Küche)*

ER: Sieh mal einer an! Und ich hatte zu diesem Burschen erst gar kein Vertrauen.

SIE *(laut)* Was ich dir noch sagen wollte, ich finde es einfach lächerlich von dir, daß du jeden Tag die Rettungsmedaille trägst. Du willst doch damit nur zeigen, daß du an einem Tag mal Mut gehabt hast.

ER: Aber, Liebling, du hast doch auch nichts dagegen, daß ich jeden Tag den Ehering trage.

SIE: *(kommt zurück)* Schatz, es ist schrecklich! Den ganzen Kuchen, den ich gebacken habe, hat der Hund gefressen.

ER: Weine nicht, Schatz, ich fahre ihn sofort zum Tierarzt, der wird ihn retten.

SIE: Ach, du bist ja so gemein zu mir. Weißt du was, Schatz, ich habe eine prima Idee. Wir sollten uns heute abend mal so richtig amüsieren. Was hältst du davon?

ER: Herrlich! Und solltest du früher heimkommen als ich, dann laß bitte im Flur das Licht brennen.

SIE: Eigentlich sollte ich ja jetzt nicht mehr mit dir reden. Aber, du weißt ja, ich verreise morgen für vier Wochen. Kann ich noch irgend etwas für dich tun?

ER: Danke, nein, das genügt vollkommen!
(Abgang)

Der Oberkellner Ferdinand

Büttenrede

Ich bin der Ober vom »Goldenen Schwan«,
Ich weiß nicht, ob Sie schon mal bei mir war'n.
Ich merke, ihr kennt mich. Ich bin's, Ferdinand,
ich mache euch jetzt mit meinem Motto bekannt.

Der Gast, der ist König – ganz wunderbar,
doch der Ober ist Kaiser – das ist doch klar!

Die Gäste – ihr Leute, euch kann ich's ja sagen –,
das sind die Menschen, die unsereins plagen.
Dauernd sind sie am Mosern und Meckern,
nur ich, ich muß lächeln, wenn sie's Tischtuch bekleckern.

Und was im »Schwan« so alles passiert,
das wird euch hier heute von mir serviert.
Darum bitt' ich euch, Leute, seid jetzt ganz Ohr,
Ich stell' euch die Klagen der Gäste vor.

Dem einen ist das Bier zu warm, dem andren die Suppe zu kalt.
Ich sag: »Meine Herren, dann tauschen Sie halt.«

»Herr Ober, das Schnitzel ist ja so hart wie Blech!«
»Jetzt haben Sie's verbogen, jetzt wird's auch gegessen – eigenes Pech!«

Neulich hatte ich einen Gast da hocken,
der meinte: »Der Kuchen ist aber trocken!«
»Dann machen Sie«, hab' ich mir die Anregung erlaubt,
»beim Kauen den Mund zu, damit's nicht so staubt!«

Einmal war bei uns Uri Geller zu Gast.
Doch dem, ihr Leute, hab' ich eine verpaßt.
Hat doch der Kerl, und das ist nicht gelogen,
bei uns im Lokal alle Gabeln verbogen.

Doch ein Gutes hat das, ich will's nicht verhehlen,
jetzt lohnt es sich nicht mehr, Bestecke zu stehlen!

Neulich war bei uns Herr Müller zum Speisen
und meinte: »Das Brot schmeckt aber nach Eisen!«
»Ja«, sagte ich, »das müssen Sie wissen,
da hat einer die Flinte ins Korn geschmissen.«

»Haben Sie noch von dem Wein im Haus,
den Sie letztens schenkten mir aus?«
»Aber sicher, Herr Müller, der ist noch hier!«
»Na, dann, Herr Ober, bring'n Sie mir Bier!«

Einem anderen Gast hab ich Kaffee gebracht,
gleich nach dem ersten Schluck hat er Krach gemacht.
»Unverschämtheit!«, schrie er mich an,
»das nennen Sie Bohnenkaffee, Mann!«
»Warum denn nicht?«, fragte ich ganz verwegen,
»wo Sie sich gleich nach dem ersten Schluck schon aufregen!«

»Und außerdem«, sagte er, »ist im Tischtuch ein Loch!«
»Augenblick!«, meinte ich, »das Nähzeug bringe ich noch.«

»Herr Ober, Herr Ober, das ist ein Wahn!
Bei mir im Gemüse ist wahrhaftig ein Zahn!«
»Aber Sie sagten doch selber, ich sollt mich bewegen
und gefälligst einen Zahn zulegen.
Und wenn Ihnen das nun nicht gefällt,
jetzt müssen Sie's essen, Sie haben's bestellt!«

»Und außerdem«, meinte er, »ist der Wein ganz warm.«
In mir schlug eine Glocke Alarm.
Ich hab' sofort den Pikkolo runtergeputzt,
hat doch der Kerl warmes Wasser benutzt!

Der scheint überhaupt nicht richtig zu spuren,
dauernd hat er so Extratouren.
Hat er doch neulich, dieser Otto,
bei jedem Gast ganz frei nach dem Motto:
»Auch Zeit ist Geld« ganz ungeniert
bei der Rechnung das Datum hinzuaddiert!

»Wie war denn das Steak?«, hab' einen Herrn ich gefragt.
»Wirklich erstklassig!«, hat er gesagt.
»Ich bin aus der Branche, ich versteh' was davon!«,
sprach er zu mir in freundlichem Ton.
»Oh, Sie sind wohl Schlachter?«, sagte ich auf der Stelle.
»Nein, weit gefehlt, ich bin Schustergeselle!«

»Herr Ober, Sie haben aber eine pieksaubere Küche im Haus!«
»Mein Herr, wie fanden Sie das so schnell raus?«
»Na«, meinte er und zupfte zurecht seine Schleife,
»das Essen, es schmeckt hier alles nach Seife!«

»Herr Ober, das fand ich ja nicht akkurat,
da war eine Schnecke bei mir im Salat!«
»Aber, aber, mein Herr, wie sollt' ich das wissen,
das hätten Sie mir auch sagen müssen!«,
reagierte ich sehr geschwind.
»Ich wußt' ja nicht, daß Sie Vegetarier sind!
Aber, danke, mein Herr, daß Sie mich informieren,
dann muß ich natürlich noch nachkassieren.
Denn Sie wissen ja sicher, mein Herr,
Schneckengerichte, die kosten mehr!«

Ich hoffe, auch Sie kamen auf Ihre Kosten.
Ich verlasse jetzt hier meinen Posten.
Während Sie sich noch amüsieren,
werd' ich schon mal kommen und abkassieren.

Übrigens, Übrigens, Übrigens

Ein *Ziegenbock* ist nicht, wie Sie vielleicht meinen, ein aus Ziegenmilch gewonnenes alkoholischs Getränk, sondern ein Schemel, auf dem man beim Melken der Ziege zu sitzen pflegt.

Forelle blau bezeichnet keinen betrunkenen Fisch, sondern eine Forelle, die den Abwässern der Farbwerke XY einen Besuch abgestattet hat.

Ein *Flaschenzug* ist nicht – wie viele meinen – das Leeren einer Flasche, ohne sie abzusetzen, sondern ein besonderer Service der Bahn zur Beförderung schwacher Fußballspieler.

Aussteuer bedeutet nicht, daß das Finanzamt schließt, sondern es handelt sich um ein außen angebrachtes Ruder an Schiffen.

Ein *Buchschoner* ist nicht, wie Sie vielleicht meinen, ein Segelschiff, das ausschließlich Bücher transportiert, sondern ein Mensch, der niemals liest.

Vater und Sohn

Sketch

(Der Vater sitzt auf der Bühne, und der Sohn kommt mit langsamen Schritten auf ihn zu.)

SOHN: Papa, du weißt doch, daß wir seit Generationen diese herrliche Vase, die in der Diele steht, in unserem Familienbesitz haben.

VATER: *(aufblickend)* Ja, was ist damit?

SOHN: Meine Generation hat sie gerade zerbrochen.

VATER: Das darf doch nicht wahr sein! Was sagt denn deine Mutter dazu?

SOHN: Ach, die! Das darf man nicht so ernst nehmen.

VATER: Hast du dir etwa erlaubt, deiner Mutter zu widersprechen?

SOHN: Ja!

VATER: *(aufbrausend)* Ja, glaubst du denn, du wärest etwas Besseres als ich?

SOHN: Nun reg dich nicht auf! Sag mir lieber, ob ich ein bißchen Geld haben kann!

VATER: Haben! Haben! Ich höre immer nur »haben«. Kannst du nicht auch mal ans Geben denken?

SOHN: Na gut, Papa, kannst du mir ein bißchen Geld geben? Was ich dich noch fragen wollte: Wie kommt es eigentlich, daß sich die Erde immerfort dreht?

VATER: Junge, Junge, du wirst doch wohl nicht an die Kognakflasche gegangen sein.

SOHN: Wo denkst du hin? Das habe ich gerade in der Zeitung gelesen. Übrigens, was ist eigentlich ein Schock?

VATER: Ein Schock, das sind 60 Stück.

SOHN: Donnerwetter! In der Zeitung steht nämlich, daß eine Frau bei der Geburt einen Schock gekriegt hat.
Ach, kannst du mir sagen, was ein Jammerlappen ist?

VATER: Wer hat mich so genannt?

SOHN: Keiner, das habe ich auch gelesen. Aber sag mal, fürchtest du dich vor Löwen?

VATER: Nein, mein Junge.

SOHN: Und vor Tigern?

VATER: Natürlich auch nicht.

SOHN: Aber vor einer Riesenschlange?

VATER: Noch viel weniger.

SOHN: Also fürchtest du dich nur vor Mama!

VATER: Mich würde ja interessieren, was dein Lehrer sagen würde, wenn er sehen könnte, wie ungezogen du wieder bist.

SOHN: Ach, das weiß ich ganz genau. Der würde sagen, ich sollte mich gefälligst anständig benehmen, ich wäre hier nicht zu Hause.
Der Lehrer hat mich heute übrigens gefragt, ob ich noch Geschwister habe. Ich habe »nein« gesagt.

VATER: Und was hat dein Lehrer gesagt?

SOHN: Gott sei Dank!

VATER: Mama hat mir erzählt, daß du dich wieder mit dem Klaus geprügelt hast. Wer hat denn angefangen?

SOHN: Natürlich der Klaus, der hat als erster zurückgeschlagen.

VATER: Was habt ihr denn heute in der Schule gemacht?

SOHN: Och, wir haben männliche Prostituierte gezeichnet.

VATER: *(stotternd)* Pro ... Pro ... Prostituierte?

SOHN: Ja, Strichmännchen!
Aber du, der Jochen hat heute mit einem Mädchen aus unserer Klasse in der Pause Doktor gespielt.

VATER: Na, das ist doch nicht so schlimm, mein Kind.

SOHN: Na ja, Papa, der Blinddarm mußte sowieso mal raus.
Was ist eigentlich eine Fabel, Papa?

VATER: Eine Fabel? Das ist doch ganz einfach. Ich werde dir das erklären. Eine Fabel ist, wenn zwei Tiere miteinander reden, meinetwegen ein Ochse und ein Esel so wie ich und du ...

SOHN: Papa, heute hat doch einer zu mir gesagt, daß ich dir sehr ähnlich sehe.

VATER: *(stolz)* So – und was hast du geantwortet?

SOHN: Gar nichts, der ist nämlich stärker als ich.
Sag mal, Papa, weshalb steht auf der Siegessäule eine Frau und kein Mann?

VATER: Das wirst du erst begreifen, wenn du verheiratet bist, mein Junge.
Ihr habt doch gestern Zeugnisse bekommen – ich habe ja noch gar nichts gesehen?

SOHN: Ach, Papa, du hast doch letztes Mal gesagt, so ein schlechtes Zeugnis dürfe ich nie wieder nach Hause bringen. Da habe ich es gleich in ein Buch gelegt und in der Schule gelassen.

VATER: Ich hatte dir doch ein Fahrrad versprochen, wenn du ein ordentliches Zeugnis mit nach Hause bringst – aber wieder hat es nichts geholfen. Was hast du eigentlich die ganze Zeit getrieben?

SOHN: Radfahren gelernt, Papa.

VATER: Ich werde jetzt wohl mal mit deinem Lehrer reden müssen.

SOHN: Ja, Papa, das könnte nichts schaden, sonst macht der immer so weiter.

VATER: Jetzt halt du bloß deinen Mund! Von nun an wird gelernt, das sage ich dir! Bereiten dir denn die Fragen des Lehrers so große Schwierigkeiten?

SOHN: Die Fragen nicht, aber die Antworten.

Zwischendurch bemerkt

Was ist das?

Was ist das?
Sei still und horch!
Ich glaube, das
ist wohl der Klapperstorch.
Er will mir wohl ein Kindlein bringen.
Das soll ihm aber nicht gelingen.
Der kommt mir hier nicht rin,
weil ich Heimwerker bin!
Und solche leichten Sachen
kann ich gut selber machen.

Illusionen

Die Pfeife ganz gemütlich stopfend,
den Tabak von der Zeitung klopfend,
setz ich mich gemächlich nieder,
da schreit doch meine Frau schon wieder:
»Heinz, laß sofort die Pfeife sinken!
Du weißt doch, die Gardinen stinken.«
»Dann nimm doch«, sag ich kurz und knapp,
»wenn ich rauch – die Dinger ab!«

Ersatz

Mein Haar, das mich sonst so geziert,
sich täglich immer mehr verliert.
So schafft es sich halt selber Platz
für einen hübschen Haarersatz.

Hans und Heiner

Drittes Zwiegespräch

(Heiner kommt etwas später auf die Bühne)

HANS: Guten Abend, meine sehr verehrten Damen und Herren. – Ach, da kommst du ja endlich! Wo kommst du denn so spät her?

HEINER: Ich war bei Meiers eingeladen und habe denen zwei Stunden lang etwas auf dem Flügel vorgespielt.

HANS: Das hast du sehr gut gemacht! Ich kann die Leute auch nicht leiden.

HEINER: *(stampft mit dem Fuß auf und schreit)* Ja, wie redest du denn von mir!

HANS: Heiner, mach doch nicht so einen Krach!

HEINER: Wieso? Schlafen schon alle?
Aber du mußt gerade über mein Klavierspiel mekkern. Kennst du eigentlich Beethovens Neunte?

HANS: Ich wußt' ja gar nicht, daß der so oft verheiratet war.

HEINER: Da hast du mir gerade wieder einen Beweis deiner Dummheit geliefert.

HANS: So mußt du mir gerade kommen. *(zieht einen Brief aus der Tasche)* Hier, sieh selbst, ich habe in meinem Testament einer Universität mein Gehirn vermacht, und das haben sie mir eben bestätigt.

HEINER: Waren die Leute dankbar dafür?

HANS: Ja, sie haben geschrieben, daß sie jede Kleinigkeit gebrauchen können.
Aber sag mal, Heiner, warum machst du so ein besorgtes Gesicht?

HEINER: Ich mache mir Sorgen um meine Frau, sie ist nämlich bei diesem Unwetter in die Stadt gegangen.

HANS: Na, sie wird doch sicher in irgendeinem Geschäft Unterschlupf gefunden haben.

HEINER: Eben deshalb bin ich ja so besorgt.

HANS: Also, da habe ich ja überhaupt keine Last mit. Meine Frau gehorcht mir auf's Wort.

HEINER: Ach, das ist doch Quatsch, Hans. Das stimmt doch nicht.

HANS: Sicher stimmt das! Ich habe zu ihr gesagt: »Nun mach, was du willst!« Und das macht die.
Aber wie geht es deiner Frau eigentlich?

HEINER: Ach, ihr Kopf macht mir Kummer.

HANS: Wieder die schreckliche Neuralgie?

HEINER: Nein, sie möchte mal wieder einen neuen Hut!

HANS: Meckert deine Frau eigentlich immer noch, wenn du spät nach Hause kommst?

HEINER: Nein, das habe ich ihr gründlich abgewöhnt.

HANS: Prima! Und wie?

HEINER: Ich gehe einfach nicht mehr aus.
Aber ich habe gehört, du hast dich mit deiner Frau zerstritten. Ist das wahr? Und nur, weil das Badewasser zu heiß war!

HANS: Ja, viel zu heiß.

HEINER: Aber das kann doch mal passieren.

HANS: Wer spricht denn hier von einmal? Es ist jedes Jahr dasselbe.
Ach, Heiner, sei mir nicht böse, daß ich deiner Einladung gestern nicht gefolgt bin. Aber ich hatte noch so einen Kater von vorgestern, da konnte ich unmöglich zu dir kommen.

HEINER: Wieso? Du warst doch da!
Hans, stell dir mal vor, du fändest einen Hundertmarkschein in der Hosentasche! Was würdest du tun?

HANS: Mich fragen, wessen Hose ich anhabe.
Den Schein könnte ich im Moment recht gut brauchen, meine Frau hat bald Geburtstag und wünscht sich ein Streichinstrument.

HEINER: Kauf ihr doch ein Buttermesser!

HANS: Was hast du denn deiner Frau zum Geburtstag geschenkt?

HEINER: Eine Kette!

HANS: Das ist eine tolle Idee, so etwas kaufe ich auch, meine läuft mir nämlich auch immer davon.
Kennst du keinen guten Ohrenarzt?

HEINER: Hier nicht. Aber in Venedig gibt es 'nen tüchtigen Ohrenarzt. Der Mann muß eine Kapazität sein.

HANS: So? Wie heißt er denn?

HEINER: Markus Platz.

HANS: Dummer Witz!

HEINER: Nein, das habe ich auch erst gedacht. Doch heute las ich in der Zeitung, daß täglich Hunderte von Tauben zu ihm kommen. Aber wozu brauchst du einen Ohrenarzt?

HANS: Ach, ich war gestern im Flohzirkus, und da habe ich doch keinen Floh husten gehört.

HEINER: Du warst im Flohzirkus? Hast du dich denn wenigstens gut amüsiert?

HANS: Das kann man wohl sagen. Ich bin nachher noch mit dem Hauptdarsteller ins Bett gegangen. *(kratzt sich)*

HEINER: Ich kenne einen neuen Trick.

HANS: Ja, was denn für einen?

HEINER: Ich weiß jetzt, wie man ein Damenkränzchen am schnellsten zum Schweigen bringen kann.

HANS: So? Wie denn?

HEINER: Ich sage einfach: »So, nun redet mal alle schön der Reihe nach – die Älteste fängt an!«

HANS: Ach, Heiner, das wollte ich dich immer schon mal fragen: Was ist eigentlich aus dem Brief geworden, in dem du deinem alten Unteroffizier geschrieben hast, wohin er und die Armee sich scheren können?

HEINER: Ach der! Der ist zurückgekommen mit einem Stempel: »Truppenbewegungen sind stets in dreifacher Ausführung zu beantragen. Formulare anbei!«
Aber, Hans, warum bist du eigentlich nie beim Bund gewesen?

HANS: Keine Ahnung! Dabei habe ich bei jeder Musterung mit dem Stabsarzt um 500 Mark gewettet, daß ich dieses Mal bestimmt tauglich bin.
Hör mal, Heiner, könnte ich eventuell meine alten Schulzeugnisse bei dir deponieren?

HEINER: Sicher! Aber warum denn?

HANS: Reine Vorsichtsmaßnahme, meine Tochter lernt lesen.

HEINER: Na klar, das geht in Ordnung. So, jetzt muß ich aber gehen.

HANS: Warum das denn? Es ist doch erst ... Uhr.

HEINER: Ich muß in die Musikstunde.

HANS: Was? Um diese Zeit?

HEINER: Ja, ich gehe heim. Dort wird mir meine Frau den Marsch blasen.

HANS: Na, tschüs dann! Und grüß schön, wenn du zu Worte kommst!

Zwischendurch bemerkt

Aufstand der Tiere

Auf einer Hühnerfarm
gab's kürzlich Großalarm.
Die Hennen waren außer sich.
Sie sagten: »Nein, das geht doch nicht!«
Sie wollten all' nach Bonn marschieren,
um dort zu protestieren.
Und was erregte die Gemüter?
Na klar – der »Schnelle Brüter«!

Regen

Der Himmel öffnet seine Schleusen,
es regnet ohne Unterlaß.
Selbst Fische springen in die Reusen,
draußen ist es heut' zu naß!

Die Zebras, die doch sonst so munter,
schau'n ganz verstört zum Himmel.
Der Regen wäscht die Streifen runter,
sie geh'n bald durch als Schimmel.

Der Pantoffelheld

Büttenrede

Wollte ich gerade mit einer Taxe hier hinfahren, da meinte der Taxifahrer zu mir: »Darf ich mal Ihre Handflächen sehen, mein Herr, bevor wir losfahren?« »Was soll das denn?«, fragte ich erstaunt. »Ach, wissen Sie, mein Herr, meine Bremsen sind nicht in Ordnung, deshalb fahre ich nur Leute, die eine lange Lebenslinie haben.«
Gestern war ich in einer Buchhandlung. Habe ich zur Verkäuferin gesagt: »Ich hätte gerne das Buch ›Der Ehemann als Herr im Haus‹.« Meinte sie: »Tut mir leid, mein Herr, aber Märchenbücher führen wir nicht!«
Ja, wir Männer sind schon arm dran. Als ich zum Beispiel das erste Mal auf Freiersfüßen ging, habe ich zum Vater meiner Freundin gesagt: »Ich möchte gerne um die Hand Ihrer Tochter anhalten.« Schimpfte der Vater sofort: »Das kommt ja gar nicht in Frage! Entweder sie nehmen sie ganz oder gar nicht!« Habe ich sie eben – nicht genommen.
Aber eine Frau, die habe ich ja ganz innig geliebt. Die wohnte in… *(Name eines entlegenen Ortes).* Jeden Tag habe ich ihr wenigstens einen Brief geschrieben und dann – hat sie den Briefträger geheiratet.
Aber dann hat das Schicksal zugeschlagen. Sprach mich doch vor Jahren eine Frau auf der Straße an und meinte: »Mensch, Sie sehen ja ganz genauso aus wie mein vierter Mann!« »So?«, fragte ich erstaunt. »Wie viele Ehemänner hatten Sie denn schon?« »Drei!«, meinte sie, und schon war es passiert.
Also, die Frau, die ist ja vielleicht kindisch! Ja, wirklich! Kaum sitze ich in der Badewanne, da kommt sie an und versenkt alle meine Papierschiffchen.
Und dabei bereite ich mich immer so intensiv auf mein Bad vor. Ja, ich höre vorher immer erst den Seewetterbericht.
Als ich gestern nach Hause kam, da hat sie ja mit mir gemeckert: »Heinz, nun kommst du schon wieder aus dem Wirtshaus!« »Ja«, habe ich gesagt, »aber ich kann doch nicht immer drinbleiben.«
Als ich neulich bei meinem Freund war, saß der gerade in der Badewanne und war am Schimpfen: »Idiotische Medizin, dreimal täglich 10 Tropfen in warmem Wasser einnehmen!«

Dann habe ich mir ihn mal genauer angesehen und gefragt: »Wieso hast du denn einen Verband um den Kopf?« «Ach«, meinte er, »ich habe mir die Ohren verbrannt.« »Ja, du liebe Zeit, wie kam das denn?« »Das war so«, sagte er, »ich war gerade beim Bügeln, das Telefon klingelte, und ich griff zum Bügeleisen.« Erstaunt fragte ich: »Aber wieso sind denn beide Ohren verbrannt?« »Na«, meinte er, »ich mußte doch schließlich den Arzt anrufen.«

Also ehrlich, das ist ein Kerl! Einmal traf ich ihn in einem Heimwerkermarkt und hörte, wie er zum Verkäufer sagte: »Hier, den Hammer, den müssen Sie mir unbedingt umtauschen, der trifft ja dauernd daneben!«

Als ich heute nach Hause kam, stand mein Sohn an der Tür und war am Heulen. Ich fragte: »Warum weinst du, mein Sohn? Ich möchte fröhliche Gesichter sehen, wenn ich von der Arbeit komme!« »Fröhliche Gesichter?«, maulte er, »jeden Tag dieser Streit mit deiner Frau!«

Ich habe meinen Sohn auch mal gefragt: »Sag mal, werdet ihr in der Schule eigentlich auch sexuell aufgeklärt?« Da meinte er: »Das gerade nicht, Papa, aber was möchtest du denn wissen?« Das muß man sich von seinen Kindern anhören!

Meiner Frau habe ich ja, bevor wir in Urlaub fuhren, einen Farbfilm mitgebracht. Das mache ich ja nie wieder! Kam sie doch am anderen Morgen zu mir, als ich beim Rasieren war, und meinte: »Ich will den neuen Farbfilm ausprobieren. Heinz, schneid dich doch mal, bitte!«

Wir sind ja mit der Bahn in Urlaub gefahren. Plötzlich schaute mich mein Gegenüber im Abteil ganz verwirrt an und meinte: »Leiden Sie auch so unter Blähungen?« »Nein«, sagte ich, »eigentlich nur unter Ihren!«

Auf einmal tropfte es oben aus dem Gepäcknetz. Ich hielt die Hand auf und kostete. »Hm!«, sagte ich, »schätze, alter Benediktiner!« »Irrtum«, meinte mein Nachbar, »junger Bernhardiner.«

Wir haben Urlaub auf dem Bauernhof gemacht. Der Bauer, bei dem wir wohnten, war bei der Freiwilligen Feuerwehr. Eines Nachts ging die Dorfsirene. Die Bäurin rüttelte ihren Mann wach. Fluchend zog der Bauer sich an. Dann fragte er: »Wo ist denn mein Helm?« Meinte die Bäurin: »Unterm Bett, aber paß auf, daß du nichts verschüttest!«

Gestern schellte es, und mein Nachbar stand vor der Tür und sagte: »Können Sie mir wohl heute abend mal Ihre Stereoanlage leihen?« »Aber gerne«, entgegnete ich freundlich, »wollen Sie heute abend feiern?« »Nein, das nicht, ich möchte nur endlich mal wieder ruhig schlafen.«

Aber ich bin ja trotz allem ein kluges Kerlchen! Ich habe meiner Frau jetzt nämlich ein ganz teures Eßservice gekauft. Ja, seitdem darf ich nicht mehr abwaschen.
Handwerklich bin ich auch ganz begabt. Neulich habe ich unsere Kuckucksuhr auseinandergenommen. Zuerst habe ich den Kuckuck rausgenommen, dann Ketten, Schrauben, Federn und den Pendelarm. Ich habe alles sorgfältig gesäubert und die Uhr wieder zusammengesetzt. Dann habe ich sie wieder aufgehängt, und die ganze Familie hat gespannt gewartet. Endlich sprang die Türe auf, und der Kuckuck kam heraus und fragte: »Weiß hier jemand, wie spät es ist?«
So, Freunde, für mich wird es aber jetzt auch höchste Zeit zu gehen. Ich muß nämlich nach Hause, ich muß noch Stachelbeeren rasieren – meine Frau will morgen Weintrauben haben.

Zwischendurch bemerkt

Vergebens

Du hast dich deodoriert,
das Gesicht mit Creme eingeschmiert,
das Haar ganz frisch frisiert,
die Fingernägel manikürt,
schlüpfst in dein schönstes Kleid,
prüfst, ob der Ausschnitt nicht zu weit.
Kurz: Du machst dich richtig fein.
Und dann – kommt er nicht, dein Hein.

oder:
Kurz: Du siehst heut klasse aus.
Dann – kommt er nicht, dein Klaus.

oder:
Machst um dein Ausseh'n viel Gezeter.
Dann – kommt er nicht, dein Peter.

oder:
Prüfst auch kurz den Sitz.
Dann – kommt er nicht, dein Fritz.

Hochzeit

Es wollt ein Esel Hochzeit machen,
ja – wer wohl sonst macht solche Sachen?

Ihre Gnaden, die Frau

Es kommt ein Mann geladen,
voll Bier und auch voll Korn.
Die Frau, ganz ohne Gnaden,
schlägt ihm ein mächt'ges Horn.

Beim Fußballspiel

Sketch

(Auf der Bühne stehen eine Bank oder zwei Stühle. Von der Seite betreten ein Mann und eine Frau die Bühne. Er zieht sie hinter sich her. Die Frau trägt normale Straßenkleidung, während er in den Vereinsfarben eines am Orte bekannten Fußballklubs auftritt.)

ER: Nun beeil dich doch mal, Hilde! Wir kommen noch zu spät auf den Fußballplatz!

SIE: Na und, dann bleiben wir am Schluß etwas länger.

ER: Los komm, das ist ein wichtiges Punktspiel heute!

SIE: Punktspiel? Ich dachte, die spielen Fußball.

ER: Natürlich spielen die Fußball! Aber für jeden Sieg gibt es Punkte.

SIE: Was machen die denn mit den Punkten? Gibt es für zehn Punkte einen neuen Ball?

ER: Ach komm, beeil dich! Ich erkläre dir das beim Spiel. *(Sie setzen sich. Er klatscht.)*

SIE: Warum klatschst du? Ist dir kalt?

ER: Ach, Quatsch! Da, sieh doch, da kommen die Unseren auf den Platz.

SIE: Die Unseren? Spielt deine Familie denn auch mit?

ER: Nein, ich meine, unsere Mannschaft, die in den weißen Trikots. Da, der mit der Mütze, das ist Kalle, unser Torwart.

SIE: Torwart? Was ist das denn?

ER: Na, der steht im Tor.

SIE: Was für ein Tor? Ich sehe kein Tor!

ER: Aber, Hilde, du siehst doch dahinten *(zeigt darauf)* die beiden senkrechten und den waagerechten weißen Balken mit dem Netz dahinter. Das ist das Tor. Ich will dir ja alles gerne erklären. Denn vom Fußball weiß ich alles. Da kannst du fragen, was du willst.

SIE: Ja, wirklich? Na, gut! Wie viele Löcher hat das Tornetz?

ER: Ach! *(winkt ab)*

SIE: *(klatscht)*

ER: Warum klatschst du?

SIE: Na, da kommen doch noch welche auf den Platz.

ER: Aber da klatscht man doch nicht! Das sind doch die anderen. Paß lieber auf! Gleich geht es los. Der Kalle steht schon in seinem Tor.

SIE: Warum denn das?

ER: Na, er muß doch aufpassen, daß der Ball nicht ins Tor kommt.

SIE: Darf der Ball denn nicht ins Tor?

ER: Natürlich darf der Ball nicht ins Tor!

SIE: So! Und was machen die anderen in der Zeit, wo der Kalle aufpaßt?

ER: Na, die müssen versuchen, den Ball ins Tor zu kriegen.

SIE: Aber da steht doch der Kalle!

ER: Ja sicher steht er da. Er paßt ja auch auf, daß der Ball nicht ins Tor kommt!

SIE: Ja, aber warum versuchen denn die anderen dann überhaupt, den Ball in das Tor zu kriegen?

ER: Paß lieber auf! Gleich kommt der Anpfiff.

SIE: Wer kriegt einen Anpfiff? Hat sich denn einer schlecht benommen?

ER: Nein! Der Schiedsrichter pfeift das Spiel an.

SIE: Warum das denn?

ER: Na, damit der Ball freigegeben wird.

SIE: Wie, war der gefangen?

ER: Nein! Damit die Spieler den Ball endlich treten dürfen!

SIE: Warum wollen die den Ball treten? Was hat der ihnen denn getan?

ER: Gar nichts! Aber der Ball muß doch schließlich rollen, damit wir gewinnen können.

SIE: Was gewinnen wir denn?

ER: Ach, wir doch nicht! Unsere Mannschaft – die mit den weißen Trikots – gewinnt. Die müssen jetzt nur noch ordentlich Tore schießen.

SIE: *(entsetzt)* Was? Geschossen wird hier auch? Das ist ja ganz gefährlich!

ER: Ach, was! Der Ball muß ins Tor geschossen werden!

SIE: Aber das geht doch gar nicht. Da steht doch der Kalle.

ER: Aber doch nicht in das Tor, in das andere da drüben. *(zeigt hinüber)*

SIE: Da steht doch aber auch ein Herr drin.

ER: Ach, der, der kann doch nichts, Das ist doch eine Flasche!

SIE: Warum steht er denn dann im Tor?

ER: Na, weil die anderen alle Flaschen sind. *(springt auf)* Da, da! Ja Bomber, Bomber schieß!! Ach! *(Er faßt sich an die Stirn und setzt sich wieder.)*

SIE: Da, jetzt hat die Flasche den Ball gefangen. Darf der das denn?

ER: Sei still! *(springt wieder auf)* Toll, Hannes! Ja, Spitze, Spitze – das war ein Paß! Hast du das gesehen?

SIE: Was für ein Paß? – Ist hier auch Zollkontrolle?

ER: Ja, los, vor – los, Bomber, schieß, ja, ja, Tor, Tor! *(klatscht begeistert)* Tor! Tor! Tor!

SIE: Warum klatschst du? Bringen die noch ein Tor?

ER: Quatsch! Der Ball ist im Tor. 1 : 0 für uns! Die machen wir fertig heute! Das Spiel gewinnen wir! Die kriegen keine Schnitte heute!

SIE: Wie, Schnittchen gibt es auch? *(schaut sich um)* Ich habe das kalte Buffet ja noch gar nicht gesehen.

ER: Pfui, pfui!

SIE: Warum sagst du »Pfui«? Hat einer etwas Schlimmes gesagt?

ER: Foul, Foul!

SIE: Wer ist faul? Ach der, der da auf dem Rasen liegt. Ja, das finde ich ja auch faul von dem!

ER: Nein, nicht faul! Foul mit »ou«, verstehst du? Das ist englisch. Da hat einer von den anderen den Kalle getreten. Das ist ein Foul! Aufpassen, da unten! Mensch, laßt den Mann doch nicht durch! Ja, gut so!

SIE: Foul, Foul!

ER: Aber das war doch kein Foul!

SIE: Aber da hat doch einer von den Unseren einen anderen getreten!

ER: Ach, was kann der Jupp denn dafür, daß dieser Trottel ihm so blöd vor die Beine springt.
Schiedsrichter, Telefon! Schiedsrichter, Telefon!

SIE: Wer ruft denn jetzt an?

ER: Ach, der Schiedsrichter ist ein Nachtwächter!

SIE: Ach so, dann werden sie wohl aus seinem Betrieb angerufen haben.

ER: Ja, Jupp, gut so! Vor! Schieß! Oh, Aus!

SIE: Wie, ist schon Schluß?

ER: Ach, Quatsch! Der hat über die Seitenlinie geschossen!

SIE: Wie, darf der das nicht?

ER: Ooh, nein, nein, nein! *(Hält sich die Augen zu)* Ich kann gar nicht hinsehen!

SIE: *(klatscht begeistert)* Tor, Tor, Tor!

ER: Hör sofort auf, das war doch für die anderen! Ja, ja,

jetzt, Bomber, schieß! Buh, buh, Elfmeter! Elfmeter – pfui! Der Schiedsrichter ist ein Eierkopf!

SIE: Wie? Ist ein neuer Schiedsrichter gekommen? Das habe ich ja gar nicht bemerkt!

ER: Nein!

SIE: Aber eben hast du doch noch gesagt, er wäre ein Nachtwächter.

ER: Nein, nein! *(faßt sich an die Stirn)* Nein, das darf doch nicht wahr sein! Das gibt es doch gar nicht!

SIE: Da, schon wieder ein Tor! Darf ich jetzt klatschen?

ER: Bloß nicht! Sonst klatsch ich dir eine!
Was? *(schaut auf die Uhr)* Schon Schluß! Schiebung, Schiebung! Zwei Sekunden zu früh!

SIE: Ich habe da noch eine Frage: Wer hat denn nun eigentlich die Punkte gewonnen?

Zum Schluß

Der Schalk

Ich krieg' ihn nicht zu packen,
den Schalk in meinem Nacken.
Ich kann ihn noch so locken,
er bleibt ganz frech da hocken.
Er gibt mir niemals Ruh
und reizt mich immerzu,
einen Witz zu machen,
so daß die andren lachen.

Doch heut' kann nichts passieren,
ich werd' ihn ignorieren.
Er kann sich noch so müh'n,
heut muß er sich verzieh'n.
Er hat gar keine Wahl,
ich trag' heut keinen Schal.
Soll er es doch probieren,
dann muß er halt erfrieren!

So was!

Die Haustürglocke, die schlägt an.
Vor deiner Türe steht ein Mann.
Eine Fahne weht dir ins Gesicht.
Du denkst – nüchtern ist der nicht.
Er reicht dir einen Brief,
dabei steht er ganz schief
auf deinem Abtretrost.
Der ist wohl von der Flaschenpost.

Gesamt-Programm

Stand 1. 8. 85

Essen und Trinken

Kalte und warme Vorspeisen
einfach · herzhaft · raffiniert. (5045) Von Karin Iden, 64 S., 43 Farbfotos, Pappband. **DM 12,80**/S 99.–

Köstliche Suppen
für jede Tages- und Jahreszeit. (5122) Von Elke Fuhrmann, 64 S., 38 Farbfotos, Pappband. **DM 12,80**/S 99.–

Kochen, was allen schmeckt
1700 Koch- und Backrezepte für jede Gelegenheit. (4098) Von A. und G. Eckert, 796 S., 60 Farbtafeln, Pappband. **DM 29,80**/S 239,–

Falken-Handbuch
Kochen nach allen Regeln der Kunst
Das moderne Grundkochbuch mit über 1000 Farbbildern. (4143) Von Margrit Gutta, 624 S., über 1000 farbige Abb., gebunden. **DM 78,–**/S 598.–

Brunos beste Rezepte
– rund ums Jahr (4154) Von Bruno Henrich, 136 S., 15 Farbfotos, kart. **DM 14,80**/S 119.–

Was koche ich heute?
Neue Rezepte für Fix-Gerichte. (0608) Von Annette Badelt-Vogt, 112 S., 16 Farbtafeln, kart. **DM 9,80**/S 79.–

Kochen für 1 Person
Rationell wirtschaften, abwechslungsreich und schmackhaft zubereiten. (0586) Von Marianne Nicolin, 136 S., 8 Farbtafeln, 20 Zeichnungen, kart. **DM 9,80**/S 79.–

Gesunde Kost aus dem Römertopf
(0442) Von Jutta Kramer, 128 S., 8 Farbtafeln, 13 Zeichnungen, kart. **DM 8,80**/S 74.–

Nudelgerichte
– lecker, locker, leicht zu kochen. (0466) Von Christiane Stephan, 80 S., 8 Farbtafeln, kart. **DM 7,80**/S 69.–

Lieblingsrezepte
Phantasievoll zubereitet und originell dekoriert. (4234) Hrsg. Peter Diller, 160 S., 120 Farbfotos, 34 Zeichnungen, Pappband. **DM 24,80**/S 198,–

Was Männer gerne essen
Leibgerichte
(2216) Von Claus Arius, 80 S., 55 Farbabbildungen, Pappband. **DM 9,80**/S 85,–

Omas Küche und unsere Küche heute
(4089) Von J. Peter Lemcke, 160 S., 8 Farbtafeln, 95 Zeichnungen, Pappband. **DM 24,80**/S 198.–

Die besten Eintöpfe und Aufläufe
(5079) Von Anneliese und Gerhard Eckert, 64 S., 49 Farbfotos, Pappband. **DM 12,80**/S 99.–

Schnell gekocht – gut gekocht
mit vielen Rezepten für Schnellkochtöpfe und Schnellbratpfannen. (0265) Von Irmgard Pérsy, 96 S., 8 Farbtafeln, kart. **DM 7,80**/S 69.–

Kochen und backen im Heißluftherd
Vorteile, Gebrauchsanleitung, Rezepte. (0516) Von Katharina Kölner, 72 S., 8 Farbtafeln, kart. **DM 7,80**/S 69.–

Das neue Mikrowellen-Kochbuch
(0434) Von Hermann Neu, 64 S., 4 Farbtafeln, kart. **DM 6,80**/S 59.–

Ganz und gar mit Mikrowellen
(4094) Von Tina Peters, 208 S., 24 Farbfotos, kart. **DM 29,80**/S 239.–

Haltbar machen durch **Trocknen und Dörren**
(0696) Von Maren Bustorf-Hirsch, 32 S., 42 Farbfotos, Spiralbindung. **DM 7,80**/ S 69.–

Marmeladen, Gelees und Konfitüre
Köstlich wie zu Omas Zeiten – einfach selbstgemacht. (0720) Von Margrit Gutta, 32 S., 24 Farbfotos, Pappband. **DM 7,80**/S 69.–

Einkochen
nach allen Regeln der Kunst. (0405) Von Birgit Müller, 128 S., 8 Farbtafeln, kart. **DM 9,80**/S 79.–

Das neue Fritieren
geruchlos, schmackhaft und gesund. (0365) Von Petra Kühne, 96 S., 8 Farbtafeln, kart. **DM 7,80**/S 69.–

Weltmeister-Soßen
Die Krönung der feinen Küche. (0357) Von Giovanni Cavestri, 96 S., 14 Farbtafeln, kart. **DM 9,80**/S 79.–

Wildgerichte
einfach bis raffiniert. (5115) Von Margrit Gutta, 64 S., 43 Farbfotos, Pappband. **DM 14,80**/S 119.–

Geflügel
Die besten Rezepte aus aller Welt. (5050) Von Margrit Gutta, 64 S., 32 Farbfotos, Pappband. **DM 12,80**/S 99.–

Raffinierte Steaks
und andere Fleischgerichte. (5043) Von Gerhard Eckert, 64 S., 43 Farbfotos, Pappband. **DM 12,80**/S 99.–

Mehr Freude und Erfolg beim **Grillen**
(4141) Von Alfred Berliner, 160 S., 147 Farbfotos, 10 farbige Zeichnungen, Pappband. **DM 24,80**/S 198.–

Grillen
Fleisch · Fisch · Beilagen · Soßen. (5001) Von Elke Fuhrmann, 64 S., 38 Farbfotos, Pappband. **DM 12,80**/S 99.–

Chinesisch kochen
Schmackhafte Rezepte für die abwechslungsreiche Küche. (5011) Von Anneliese und Gerhard Eckert, 64 S., 57 Farbfotos, Pappband. **DM 12,80**/S 99.–

Chinesisch kochen
mit dem WOK-Topf und dem Mongolen-Topf. (0557) Von Christiane Korn, 64 S., 8 Farbtafeln, kart. **DM 7,80**/S 69.–

Schlemmerreise durch die
Chinesische Küche
(4184) Von Kuo Huey Jen, 160 S., 117 Farbfotos, Pappband. **DM 24,80**/S 198,–

Japanische Küche
schmackhaft und bekömmlich. (5087) Von Hiroko Toi, 64 S., 36 Farbfotos, Pappband. **DM 12,80**/S 99.–

Ostasiatische Küche
schmackhaft, bekömmlich und vielseitig. (5066) Von Taki Sozuki, 64 S., 39 Farbfotos, Pappband. **DM 12,80**/S 99.–

Nordische Küche
Speisen und Getränke von der Küste. (5082) Von Jutta Kürtz, 64 S., 44 Farbfotos, Pappband. **DM 12,80**/S 99.–

Deutsche Spezialitäten
(5025) Von Elke Fuhrmann, 64 S., 52 Farbfotos, Pappband. **DM 12,80**/S 99.

Französisch kochen
(5016) Von Margrit Gutta, 64 S., 35 Farbfotos, Pappband. **DM 12,80**/S 99.–

Französische Küche
(0685) Von Margrit Gutta, 96 S., 16 Farbtafeln, kart., **DM 8,80**/S 74.–

Französische Spezialitäten aus dem Backofen
(5146) Von Petra Klein, 64 S., 43 Farbfotos, Pappband. **DM 16,80**/S 139.–

Kochen und würzen mit **Knoblauch**
(0725) Von A. und G. Eckert, 96 S., 8 Farbtafeln, kart. **DM 7,80**/S 69.–

Schlemmerreise durch die
italienische Küche
(4172) Von Velio Pifferi, 160 S., 109 Farbfotos, Pappband. **DM 24,80**/ S 198.–

Italienische Küche
(5026) Von Margrit Gutta, 64 S., 35 Farbfotos, Pappband. **DM 12,80**/S 99.–

Portugiesische Küche
und Weine · Kulinarische Reise durch Portugal. (0607) Von Enrique Kasten, 96 S., 16 Farbtafeln, kart. **DM 9,80**/S 79.–

Köstliche Pizzas, Toasts, Pasteten
(5081) Von Anneliese und Gerhard Eckert, 64 S., 48 Farbfotos, Pappband. **DM 12,80**/S 99.–

Köstliche Pilzgerichte
Rezepte für die meistvorkommenden Speisepilze. (5133) Von Valerie Spicker-Noack, Martin Knoop, 64 S., 52 Farbfotos, Pappband. **DM 12,80**/S 99.–

Am Tisch zubereitet
(4152) Von Ilse Otto, 208 S., 12 Farbtafeln, 17 s/w-Fotos, Pappband. **DM 24,80**/S 198.–

Fondues
(5006) Von Eva Exner, 64 S., 50 Farbfotos, Pappband. **DM 12,80**/S 99.–

Fondues
und fritierte Leckerbissen. (0471) Von Stefanie Stein, 80 S., 8 Farbtafeln, kart. **DM 6,80**/S 59.–

Fondues · Raclettes · Flambiertes
(4081) Von R. Peiler und M. Schult, 136 S., 15 Farbtafeln, 28 Zeichnungen, kart. **DM 14,80**/S 119,–

Neue, raffinierte Rezepte mit dem Raclettegrill
(0558) Von Lutz Helger, 56 S., 8 Farbtafeln, kart. **DM 7,80**/S 69.–

Rezepte rund um Raclette und Hobby-Rechaud
(0420) Von Jack W. Hochscheid, 72 S., 15 Farbtafeln, kart. **DM 7,80**/S 69.–

Die große farbige Kalte Küche
Vom Partyhappen zum Kalten Buffet (4134) Von Christine Schönherr, 400 S., über 220 farbigen Abb., gebunden
DM 33,–/S 268.–

Kleine Kalte Küche
für Alltag und Feste. (5097) Von Anneliese und Gerhard Eckert, 64 S., 45 Farbfotos, Pappband.
DM 12,80/S 99.–

Kalte Platten
(4064) Von Maitre Pierre Pfister, 240 S., 135 großformatige Farbfotos, gebunden.
DM 48,–/S 398.–

Kalte Platten – Kalte Büfetts
(5015) Von Margrit Gutta, 64 S., 34 Farbfotos, Pappband.
DM 12,80/S 99.–

Kalte Happen
und Partysnacks. (5029) Von Dolly Peters. 64 S., 35 Farbfotos, Pappband.
DM 12,80/S 99.–

Desserts
(5020) Von Margrit Gutta, 64 S., 38 Farbfotos, Pappband.
DM 12,80/S 99.–

Süße Nachspeisen
(0601) Von Petra Lohmann, 96 S., 8 Farbtafeln, 28 Zeichnungen, kart.
DM 8,80/S 74.–

Crêpes, Omeletts und Soufflés
Pikante und süße Spezialitäten. (5131) Von Jutta Rosenkranz, 64 S., 45 Farbfotos, Pappband. **DM 12,80**/S 99.–

Backen
(4113) Von Margrit Gutta, 240 S., 123 Farbfotos, gebunden.
DM 48,–/S 398.–

Kuchen und Torten
(5067) Von Marlies Sauerborn, 64 S., 79 Farbfotos, Pappband.
DM 12,80/S 99.–

Schönes Hobby: Backen
Erprobte Rezepte mit modernen Backformen. (0451) Von Elke Blome, 96 S., 8 Farbtafeln, kart.
DM 7,80/S 69.–

Backen, was allen schmeckt
Kuchen, Torten, Gebäck und Brot (4166) Von Elke Blome, 556 S., 40 Farbtafeln, Pappband. **DM 19,80**/S 159.–

Meine Vollkornbackstube
Brot · Kuchen · Aufläufe. (0616) Von Rita Raffelt, 96 S., 4 Farbtafeln, 4 s/w-Fotos, 8 Zeichnungen, kart. **DM 6,80**/S 59.–

Biologisch Backen
Neue Rezeptideen für Kuchen, Brote, Kleingebäck aus vollem Korn (4174) Von Maren Bustorf-Hirsch, 136 S., 15 Farbtafeln, 47 Zeichnungen, kart.
DM 14,80/S 119.–

Selbst Brotbacken
Über 50 erprobte Rezepte. (0370) Von Jens Schiermann, 80 S., 6 Zeichnungen, 4 Farbtafeln, kart. **DM 6,80**/S 59.–

Mehr Freude und Erfolg beim
Brotbacken
(4148) Von Anneliese und Gerhard Eckert, 160 S., 177 Farbfotos, Pappband.
DM 24,80/S 198.–

Brotspezialitäten
knusprig backen – herzhaft kochen. (5088) Von Jack W. Hochscheid und Lutz Helger, 64 S., 50 Farbfotos, Pappband.
DM 12,80/S 99.–

Kleingebäck
Plätzchen · Kekse · Guetzli. (5089) Von Margrit Gutta, 64 S., 50 Farbfotos, Pappband. **DM 12,80**/S 99.–

Weihnachtsbäckerei
Köstliche Plätzchen, Stollen, Honigkuchen und Festtagstorten. (0682) Von Marlies Sauerborn, 32 S., 34 Farbfotos, Spiralbindung. **DM 6,80**/S 59.–

Waffeln
süß und pikant. (0522) Von Christiane Stephan, 64 S., 4 Farbtafeln, kart.
DM 6,80/S 59.–

Kochen für Diabetiker
Gesund und schmackhaft für die ganze Familie. (4132) Von M. Toeller, W. Schumacher, A. C. Groote, 224 S., 109 Farbfotos, 94 Zeichnungen, gebunden. **DM 29,80**/S 239.–

Neue Rezepte für Diabetiker-Diät
Vollwertig – abwechslungsreich – kalorienarm. (0418) Von Monika Oehlrich, 120 S., 8 Farbtafeln, kart.
DM 9,80/S 79.–

Schlemmertips für Figurbewußte
(0680) Von Volker Kahn, 64 S., 8 Farbtafeln, kart. **DM 9,80**/S 79.–

Wer schlank ist, lebt gesünder
Tips und Rezepte zum Schlankwerden und -bleiben. (0562) Von Renate Mainer, 80 S., 8 Farbtafeln, kart.
DM 8,80/S 74.–

Kalorien – Joule
Eiweiß · Fett · Kohlenhydrate tabellarisch nach gebräuchlichen Mengen. (0374) Von Marianne Bormio, 88 S., kart., **DM 5.80**/49.–

Die 4444-Joule-Diät
Schlankessen mit Genuß. (0530) Von Hans J. Fahrenkamp, 160 S., 8 Farbtafeln, kart., **DM 9,80**/S 79.–

Alles mit Joghurt
tagfrisch selbstgemacht. Mit vielen Rezepten. (0382) Von Gerda Volz, 88 S., 8 Farbtafeln, kart., **DM 7,80**/S 69.–

Die Brot-Diät
Ein Schlankheitsplan ohne Extreme. (0452) Von Prof. Dr. Erich Menden und Waltraud Aign, 92 S., 8 Farbtafeln, kart., **DM 7,80**/S 69.–

Gesund leben – schlank werden mit der
Bio-Kur
(0657) Von Sylvia Winter, 144 S., 48 Farbtafeln, kart. **DM 9,80**/S 79.–

Salate
(4119) Von Christine Schönherr, 240 S., 115 Farbfotos, gebunden.
DM 48,–/S 389.–

Salate für alle Gelegenheiten
(5002) Von Elke Fuhrmann, 64 S., 47 Farbfotos, Pappband.
DM 12,80/S 99.–

Salate
Das köstlich knackige Schlemmervergnügen. (4165) Von Veronika Müller, 160 S., 79 Farbfotos, Pappband.
DM 24,80/S 198.–

111 köstliche Salate
Erprobte Rezepte mit Pfiff. (0222) Von Christine Schönherr, 96 S., 8 Farbtafeln, 30 Zeichnungen, kart. **DM 8,80**/S 74.–

Rohkost
abwechslungsreich · schmackhaft · gesund. (5044) Von Ingrid Gabriel, 64 S., 53 Farbfotos, Pappband.
DM 12.80/S 99.–

Joghurt, Quark, Käse und Butter
Schmackhaftes aus Milch hausgemacht. (0739) Von Maren Bustorf-Hirsch, 32 S., 59 Farbfotos, Pappband.
DM 7,80/S 69.–

Die abwechslungsreiche Vollwertküche
Vitaminreich und naturbelassen kochen und backen. (4229) Von M. Bustorf-Hirsch, K. Siegel, 280 S., 31 Farbtafeln, Pappband. **DM 36,–**/S 319.–

Alternativ essen
Die gesunde Sojaküche. (0553) Von Uwe Kolster, 112 S., 8 Farbtafeln, kart.
DM 9,80/S 79.–

Das Reformhaus-Kochbuch
Gesunde Ernährung mit hochwertigen Naturprodukten
(4180) Von A. u. G. Eckert, 160 S., 15 Farbtafeln, Pbd., **DM 24,80**/S 198.–

Biologische Ernährung
für eine natürliche und gesunde Lebensweise. (4125) Von C. Leibold, 136 S., 15 Farbtafeln, 47 Zeichnungen, kart. **DM 14,80**/S 119,–

Biologisch Kochen
– vitaminreich und naturbelassen (4162) Von Maren Bustdorf-Hirsch und Karin Siegel, 144 S., 15 Farbtafeln, 51 Zeichnungen, kart. **DM 14,80**/S 119.–

Gesund kochen
wasserarm · fettfrei · aromatisch. (4060) Von Margrit Gutta, 240 S., 16 Farbtafeln, Pappband.
DM 19,80/S 159.–

Kräuter- und Heilpflanzen-Kochbuch
für eine gesunde Lebensweise. (4066) Von Pia Pervenche, 143 S., 15 Farbtafeln, kart. **DM 12,80**/S 99.–

Pralinen und Konfekt
(0731) Von Heinz Engelke, 32 S., 57 Farbfotos, Pappband.
DM 7,80/S 69,–

Kalte Platten
(4200) Von Ingo Pfliegner, 160 S., 130 Farbfotos, Pappband.
DM 24,80/S 198,–

Kochen für Gäste
(5149) Von Ronald Wesseler, 64 S., 40 Farbfotos, Pappband.
DM 14,80/S 119.–

Bocuse à la carte
(4237) Von Paul Bocuse, 88 S., 240 Farbfotos, Pappband.
DM 16,80/S 139,–
Auch als Video-Kassette erhältlich

FALKEN VERLAG

Die Preise entsprechen dem Status beim Druck dieses

Natursammlers Kochbuch
Wildfrüchte und -gemüse, Pilze, Kräuter – finden und zubereiten. (4040) Von Christa-Maria Kerler, 140 S., 12 Farbtafeln, gebunden. **DM 19,80**/S 159.–

Neue Cocktails und Drinks
mit und ohne Alkohol. (0517) Von Siegfried Späth, 128 S., 4 Farbtafeln, kart., **DM 9,80**/S 79.–

Mixen mit und ohne Alkohol
(5017) Von Holger Hofmann, 64 S., 35 Farbfotos, Pappband.
DM 12.80/S 99.–

Cocktails und Mixereien
(0075) Von Jonny Walker, 104 S., 4 Farbtafeln, kart. **DM 6,80**/S 59.–

Die besten Punsche, Grogs und Bowlen
(0575) Von Friedel Dingden, 64 S., 2 Farbtafeln, kart. **DM 6,80**/S 59.–

Weine und Säfte, Liköre und Sekt selbstgemacht
(0702) Von Paul Arauner, 232 S., 76 Abbildungen, kart. **DM 16,80**/S 139.–

Mitbringsel aus meiner Küche
(0668) Von Christine Schönherr, 32 S., 30 Farbfotos, Spiralbindung,
DM 7,80/S 69.–

Weinlexikon
Wissenswertes über die Weine der Welt. (4149) Von Urban Keller, 228 S., 6 Farbtafeln, 395 s/w-Fotos, Pappband.
DM 29,80/S 239.–

Köstliches Lebenselixier **Wein**
(2204) Von Heinz Steffan, 80 S., 73 Farbfotos, Pappband.
DM 9,80/S 85.–

Von der Romantik der blauen Stunde
Cocktails und Drinks
(2209) Von Siegfried Späth, 80 S., 25 Farbfotos und Zeichnungen, Pappband. **DM 9,80**/S 85.–

Vom Genuß des braunen Goldes **Kaffee**
(2213) Von Helmut Strutzmann, 80 S., 49 Fotos, Pappband. **DM 9,80**/S 85.–

Kaffee für Genießer
(0492) Von Christiane Barthel, 88 S., 8 Farbtafeln, kart. **DM 6,80**/S 59.–

Heißgeliebter Tee
Sorten, Rezepte und Geschichte. (4114) Von Curt Maronde, 153 S., 16 Farbtafeln, 93 Zeichnungen, gebunden.
DM 24,80/S 198.–

Tee für Genießer.
Sorten · Riten · Rezepte. (0356) Von Marianne Nicolin, 64 S., 4 Farbtafeln, kart. **DM 5,80**/S 49.–

Tee
Herkunft · Mischungen · Rezepte. (0515) Von Sonja Ruske, 96 S., 4 Farbtafeln, viele Abbildungen, Pappband.
DM 9,80/S 79.–

Vom höchsten Genuß des Teetrinkens
(2201) Von Inge Ubenauf, 80 S., 57 Farbfotos, Pappband.
DM 9,80/S 85.–

Kinder lernen spielend backen
(5110) Von Margrit Gutta, 64 S., 50 Farbfotos, Pappband.
DM 12,80/S 99.–

Kinder lernen spielend kochen
(5096) Von Margrit Gutta, 64 S., 45 Farbfotos, Pappband.
DM 12,80/S 99.–

Hobby

Aquarellmalerei
als Kunst und Hobby. (4147) Von Horst Haack und Brigitte Wersche, 136 S., 62 Farbfotos, 119 Zeichnungen, gebunden **DM 39,–**/S 319.–

Aquarellmalerei
Materialien · Techniken · Motive. (5099) Von Thomas Hinz, 64 S., 79 Farbfotos, Pappband. **DM 12,80**/S 99.–

Hobby Origami
Papierfalten für groß und klein. (0756) Von Zülal Aytüre-Scheele, 88 S., über 800 Farbfotos, kart.
DM 19,80/S 159.–

Origami
die Kunst des Papierfaltens. (0280) Von Robert Harbin, 160 S., über 600 Zeichnungen, kart. **DM 9,80**/S 79.–

Weihnachtsbasteleien
(0667) Von Marlene Kühnle und Sven Beck, 32 S., 56 Farbfotos, 6 Zeichnungen, Spiralbindung.
DM 6,80/S 59.–

Falken-Handbuch
Zeichnen und Malen
(4167) Von Brian Bagnall, 336 S., 1154 Farbabbildungen, Pappband.
DM 68,–/S 549.–

Naive Malerei
leicht gemacht. (5083) Von Felizitas Krettek, 64 S., 76 Farbfotos, Pappband.
DM 12,80/S 99.–

Bauernmalerei
als Kunst und Hobby. (4057) Von Arbo Gast und Hannie Stegmüller, 128 S., 239 Farbfotos, 26 Riß-Zeichnungen, gebunden. **DM 39,–**/S 319.–

Hobby-Bauernmalerei
(0436) Von Senta Ramos und Jo Roszak, 80 S., 116 Farbfotos und 28 Motivvorlagen, kart. **DM 19,80**/S 159.–

Bauernmalerei
Kreatives Hobby nach alter Volkskunst (5039) Von Senta Ramos, 64 S., 78 Farbfotos, Pappband.
DM 12,80/S 99.–

Glasmalerei
als Kunst und Hobby. (4088) Von Felizitas Krettek und Suzanne Beeh-Lustenberger, 132 S., 182 Farbfotos, 36 Motivvorlagen, gebunden.
DM 39,–/S 319.–

Naive Hinterglasmalerei
(5145) Von Felizitas Krettek, 64 S., 87 Farbfotos, 6 Zeichnungen, Pappband. **DM 16,80**/S 139.–

Glasritzen
Materialien, Formen, Motive. (5109) Von Gerlind Mégroz, 64 S., 110 Farbfotos, 15 Zeichnungen, Pappband.
DM 14,80/S 119.–

Brandmalerei
leicht gemacht. (5106) Von Klaus Reinhardt, 64 S., 68 Farbfotos, 23 Zeichnungen, Pappband. **DM 12,80**/S 99.–

Zauberhafte Seidenmalerei
Materialien · Techniken · Gestaltungsvorschläge. (0664) Von Erika Dorn, 32 S., 62 Farbfotos, Spiralbildung.
DM 7,80/S 69.–

Hobby Seidenmalerei
(0611) Von Renate Henge, 88 S., 106 Farbfotos, 28 Zeichnungen, kart.
DM 19,80/S 159.–

Hobby Stoffdruck und Stoffmalerei
(0555) Von Anneliese Ursin, 80 S., 68 Farbfotos, 68 Zeichnungen, kart.
DM 19,80/S 159.–

Stoffmalerei und Stoffdruck
leicht gemacht. (5074) Von Heide Gehring, 64 S., 110 Farbfotos, Pappband.
DM 12,80/S 99.–

Batik
leicht gemacht. (5112) Von Arbo Gast, 64 S., 105 Farbfotos, Pappband.
DM 12,80/S 99.–

Textilfärben
(0693) Von W. Siegrist, P. Schärli, 32 S., 47 Farbfotos, Spiralbindung.
DM 7,80/S 69.–

Schöne Geschenke selbermachen
(4128) Von Marlene Kühnle, 128 S., 278 Farbfotos, 85 farbige Zeichnungen, gebunden. **DM 39,–**/S 319.–

Flechten
mit Bast, Stroh und Peddigrohr. (5098) Von Hanne Hangleiter, 64 S., 47 Farbfotos, 76 Zeichnungen, Pappband. **DM 12,80**/S 99.–

Makramee
Knüpfarbeiten leicht gemacht. (5075) Von Birte Pröttel, 64 S., 95 Farbfotos, Pappband. **DM 12,80**/S 99.–

Häkeln und Makramee
Techniken · Geräte · Arbeitsmuster. (0320) Von Dr. Marianne Stradal, 104 S., 191 Abbildungen und Schemata, kart.
DM 6,80/S 59.–

Häkeln
Schritt für Schritt für Rechts- und Linkshänder. (5134) Von Hella Klaus, 64 S., 120 Farbfotos, 144 Zeichnungen, Pappband. **DM 14,80**/S 119.–

Sticken
Schritt für Schritt für Rechts- und Linkshänder. (5135) Von Ute Werner, 64 S., 196 Farbfotos, 96 Zeichnungen, Pappband. **DM 14,80**/S 119.–

Falken-Handbuch **Stricken**
ABC der Stricktechniken und Strickmuster in ausführlichen Schritt-für-Schritt-Bildfolgen. (4137) Von Maria Natter, 312 S., 32 Farbtafeln, über 800 Fotos und Zeichnungen, Pappband.
DM 29,80/S 239.–

Pullover, Westen, Ensembles, Jacken
(4178) Von Ruth Weber, 208 S., 220 Farbfotos, 358 Zeichnungen, Pappband, **DM 29,80**/S 239.–

Strick mit!
Ein Kurs für Anfänger. (5094) Von Birte Pröttel, 120 S., 72 Farbfotos, 188 s/w-Abb., kart. **DM 14,80**/S 119.–

Stricken
Schritt für Schritt für Rechts- und Linkshänder. (5142) Von Sabine Oelwein-Schefczik. 64 S., 148 Farbfotos, 173 Zeichnungen, Pappband,
DM 14,80/S 119.–

Kuscheltiere stricken und häkeln
(0734) Von Bertl Wehrle, 32 S., 60 Farbfotos, 28 Zeichnungen, Spiralbindung.
DM 7,80/S 69.–

Stoff- und Kuscheltiere
stricken, häkeln, nähen. (5090) Von Birte Pröttel, 64 S., 50 Farbfotos, Pappband.
DM 12,80/S 99,–

Textiles Gestalten
Weben, Knüpfen, Batiken, Sticken, Objekte und Strukturen. (5123) Von Johann Fricke, 136 S., 67 Farb- und 189 s/w-Fotos, 15 Zeichnungen, kart.
DM 16,80/S 139,–

Gestalten mit Glasperlen
Fädeln · Sticken · Weben (0640) Von Angelika Köhler, 32 S., 55 Farbfotos, Spiralbindung. **DM 6,80**/S 59,–

Neue zauberhafte Salzteig-Ideen
(0719) Von Isolde Kiskalt, 80 S., 320 Farbfotos, 12 Zeichnungen, kart.,
DM 19,80/S 159,–

Hobby Salzteig
(0662) Von Isolde Kiskalt, 80 S., 150 Farbfotos, 5 Zeichnungen, Schablonen, kart. **DM 19,80**/S 159,–

Gestalten mit Salzteig
Formen · Bemalen · Lackieren. (0613) Von Wolf-Ulrich Cropp, 32 S., 56 Farbfotos, 17 Zeichnungen, Spiralbindung.
DM 7,80/S 69,–

Buntbemalte Kunstwerke aus Salzteig
Figuren, Landschaften und Wandbilder. (5141) Von Gabi Belli, 64 S., 165 Farbfotos, 1 Zeichnung, Pappband.
DM 12,80/S 99,–

Kreatives Gestalten mit Salzteig
Originelle Motive für Fortgeschrittene (0769) Hrsg. Isolde Kiskalt, 80 S., 168 Farbabbildungen, kart.
DM 19,80/S 159,–

Videokassette Salzteig
(6010/VHS, 6011/Video 2000, 6012/Beta) Von I. Kiskalt, Dr. A. Teuchert, in Farbe.
DM 68,–/S 612,–
Unverb. Preisempfehlung

Tiffany Spiegel selbermachen
Materialien, Arbeitsanleitungen, Vorlagen. (0761) Von Frederick Ackiss, 32 S., 53 Farbfotos, Pappband.
DM 7,80/S 69,–

Tiffany-Lampen selbermachen
(0684) Von Ingeborg Spliethoff, 32 S., 60 Farbfotos, Spiralbindung.
DM 7,80/S 69,–

Kerzen und Wachsbilder
gießen · modellieren · bemalen. (5108) Von Christa Riess, 64 S., 110 Farbfotos, Pappband. **DM 12,80**/S 99,–

Hobby Holzschnitzen
Von der Astholzfigur zur Vollplastik. (5101) Von Heinz-D. Wilden, 112 S., 16 Farbtafeln, 135 s/w-Fotos, kart.
DM 16,80/S 139,–

Bastelspaß mit der Laubsäge
(0741) Von L. Giesche, M. Bausch, 32 S., 61 Farbfotos, 7 Zeichnungen, Schnittmusterbogen, Pappband.
DM 9,80/S 79,–

Tapezieren
(0743) Von Wolfgang Nitschke, 112 S., 186 Farbfotos, 9 Zeichnungen, kart.
DM 19,80/S 159,–

Falken-Handbuch **Heimwerken**
Reparieren und selbermachen in Haus und Wohnung – über 1100 Farbfotos. Sonderteil: Praktisches Energiesparen. (4117) Von Thomas Pochert, 440 S., 1103 Farbfotos, 100 ein- und zweifarbige Abb., gebunden. **DM 49,–**/S 398,–

Restaurieren von Möbeln Stilkunde, Materialien, Techniken, Arbeitsanleitungen. (4120) Von Ellinor Schnaus-Lorey, 152 S., 418 Zeichnungen, s/w- und Farbfotos, gebunden. **DM 39,–**/S 319,–

Möbel aufarbeiten, reparieren, pflegen
(0386) Von Ellinor Schnaus-Lorey, 96 S., 28 Fotos und 101 Zeichnungen, kart.,
DM 6,80/S 59,–

Vogelhäuschen, Nistkästen, Vogeltränken mit Plänen und Anleitungen zum Selbstbau. (0695) Von Joachim Zech, 32 S., 42 Farbfotos, 5 Zeichnungen, Spiralbindung.
DM 7,80/S 69,–

Papiermachen
ein neues Hobby. (5105) Von Ralf Weidenmüller, 64 S., 84 Farbfotos, 9 s/w-Fotos, 14 Zeichnungen, Pappband.
DM 16,80/S 139,–

Schmuck und Objekte aus Metall und Email
(5078) Von Johann Fricke, 120 S., 183 Abbildungen, kart. **DM 16,80**/S 139,–

Leder
schneiden · prägen · besticken. (5125) Von Karl-Heinz Bühler, 64 S., 54 Farbfotos, 32 Zeichnungen, Pappband. **DM 14,80**/S 119,–

Das Herbarium
Pflanzen sammeln, bestimmen und pressen. Gestalten mit Blüten, Blättern und Gräsern. (5113) Von Ingrid Gabriel, 96 S., 140 Farbtafeln, 6 farbige Zeichnungen, Pappband. **DM 16,80**/S 139,–

Gestalten mit Naturmaterialien
Zweige, Kerne, Federn, Muscheln und anderes. (5128) Von Ilse Krohn, 64 S., 101 Farbfotos, 11 farbige Zeichnungen, Pappband. **DM 14,80**/S 119,–

Dauergestecke
mit Zweigen, Trocken- und Schnittblumen. (5121) Von Gabriele Vocke, 64 S., 57 Farbfotos, Pappband.
DM 14,80/S 119,–

Ikebana
Einführung in die japanische Kunst des Blumensteckens. (0548) Von Gabriele Vocke, 152 S., 47 Farbfotos, kart.
DM 19,80/S 159,–

Blumengestecke im Ikebanastil
(5041) Von Gabriele Vocke, 64 S., 37 Farbfotos, viele Zeichnungen, Pbd.
DM 14,80/S 119,–

Hobby Trockenblumen
Gewürzsträuße, Gestecke, Kränze, Buketts. (0643) Von Rosemie Strobel-Schulze, 88 S., 170 Farbfotos, kart.
DM 19,80/S 159,–

Hobby Gewürzsträuße
Zauberhafte Gebinde nach Salzburger Art (0726) Von Anneliese Ott, 80 S., 101 Fotos, 51 Zeichnungen, kart.,
DM 19,80/S 159,–

Trockenblumen und Gewürzsträuße
(5084) Von Gabriele Vocke, 64 S., 63 Farbfotos, Pappband.
DM 12,80/S 99,–

Arbeiten mit Ton
(5048) Von Johann Fricke, 128 S., 15 Farbtafeln, 166 s/w-Fotos, kart.
DM 14,80/S 119,–

Töpfern
als Kunst und Hobby. (4073) Von Johann Fricke, 132 S., 37 Farbfotos, 222 s/w-Fotos, gebunden. **DM 39,–**/S 319,–

Schöne Sachen modellieren
Originelles aus Cernit – ideenreich gestaltet. (0762) Von Gerda Thelen, 32 S., 105 Farbfotos, Spiralbindung.
DM 7,80/S 69,–

Modellieren
mit selbsthärtendem Material. (5085) Von Klaus Reinhardt, 64 S., 93 Farbfotos, Pappband. **DM 12,80**/S 99,–

Formen mit Backton
Töpfern ohne Brennofen. (0612) Von Angelika Köhler, 32 S., 51 Farbfotos, Spiralbindung. **DM 7,80**/S 69,–

Keramik kreativ gestalten
(5072) Von Ewald Stark, 64 S., 117 Farbfotos, Pappband. **DM 12,80**/S 99,–

Formen gießen und bemalen
(0639) Von Heidemarie Berger, 32 S., 46 Farbfotos, Spiralbindung.
DM 6,80/S 59,–

Porzellanpuppen
Zauberhafte alte Puppen selbst nachbilden. (5138) Von Carol Ann und Debbie Stanton, 64 S., 58 Farbtafeln, 22 Zeichnungen, Pappband. **DM 16,80**/S 139,–

Marionetten
Entwerfen · Gestalten · Führen (5118) Von Axel Krause und Alfred Bayer, 64 S., 83 Farbfotos, 2 s/w-Fotos, 40 Zeichnungen, Pappband. **DM 14,80**/S 119,–

Hobby Puppen
Bezaubernde Modelle selbst gestalten. (0742) Von Bärbel Wenzelburger, 88 S., 163 Farbfotos, 41 Zeichnungen, 11 Schnittmuster., kart.
DM 19,80/S 159,–

Puppen und Figuren aus Kunstporzellan
gießen, bemalen und gestalten. (0735) Von Gerda Baumgarten, 32 S., 86 Farbfotos, Pappband.
DM 9,80/S 79,–

Selbstgestrickte Puppen
Materialien und Arbeitsanleitungen. (0638) Von Bertl Wehrle; 32 S., 23 Farbfotos, 24 Zeichnungen, Spiralbindung.
DM 7,80/S 69,–

Dekorative Rupfenpuppen
Arbeitsanleitungen und Gestaltungsvorschläge. (0733) Von Bärbel Wenzelburger, 32 S., 57 Farbfotos, 14 Zeichnungen, Spiralbindung.
DM 7,80/S 69.–

Schritt für Schritt zum Scherenschnitt
(0732) Von Heide Klingmüller, 32 S., 38 Farbfotos, 34 Vorlagen, Spiralbindung. **DM 7,80**/S 69.–

FALKEN VERLAG

Die Preise entsprechen dem Status beim Druck dieses

Freizeit

Aktfotografie
Gestaltung, Technik, Spezialeffekte (0737) Von Prof. Heinz Wedewardt, 88 S., 144 Farb- und 6 s/w-Fotos, 6 Zeichnungen, kart., **DM 19,80**/S 159.–

Videokassette Aktfotografie
Laufzeit ca. 60 Min. In Farbe. VHS (6001), Video 2000 (6002), Beta (6003) **DM 98,–**/S 882.–

Moderne Fotopraxis
Bildgestaltung · Aufnahmepraxis · Kameratechnik · Fotolexikon. (4030) Von Wolfgang Freihen, 304 S., 50 Farbfotos, 194 s/w-Abb., gebunden. **DM 36,–**/S 298,–

So macht man bessere Fotos
Das meistverkaufte Fotobuch der Welt. (0614) Von Martin L. Taylor, 192 S., 457 Farbfotos, 15 Abb., kart. **DM 14,80**/ S 119,–

Falken-Handbuch
Dunkelkammerpraxis
Laboreinrichtung · Arbeitsabläufe · Fehlerkatalog. Mit den neuesten Farbentwicklungsverfahren. (4140) Von Eugen Pauli, 200 S., 54 Farbfotos, 239 s/w-Fotos, 171 Zeichnungen, Pappband. **DM 39,–**/S 319,–

Falken-Handbuch **Trickfilmen**
Flach-, Sach- und Zeichentrickfilme – von der Idee zur Ausführung. (4131) Von Heinz-D. Wilden, 144 S., über 430 überwiegend farbige Abb., gebunden. **DM 39,–**/S 319,–

Moderne Schmalfilmpraxis
Ausrüstungen · Drehbuch · Aufnahme Schnitt · Vertonung. (4043) Von Uwe Ney, 328 S., über 200 Abb., gebunden. **DM 29,80**/S 239,–

Schmalfilmen
Ausrüstung · Aufnahmepraxis · Schnitt Ton. (0342) Von Uwe Ney, 108 S., 4 Farbtafeln, 25 s/w-Fotos, kart. **DM 9,80**/S 79,–

Schmalfilme selbst vertonen
(0593) Von Uwe Ney, 96 S., 57 s/w-Fotos, 14 Zeichnungen, kart. **DM 9,80**/S 79,–

Falken-Handbuch **Videofilmen**
Systeme, Kameras, Aufnahme, Ton und Schnitt. (4093) Von Peter Lanzendorf, 288 S., 8 Farbtafeln, 165 s/w-Fotos, 25 Zeichnungen, gebunden. **DM 36,–**/S 298,–

Fotografie – Das Schöne als Ziel
Zur Ästhetik und Psychologie der visuellen Wahrnehmung. (4122) Von Ewald Stark, 208 S., 252 Farbfotos, 63 Zeichnungen, Ganzleinen. **DM 78,–**/S 624,–

Freude am Fotografieren
(4127) Von der Fachredaktion Kodak, 312 S., über 500 Farbfotos, Pappband. **DM 48,–**/S 398,–

Ferngelenkte Motorflugmodelle
bauen und fliegen. (0400) Von Werner Thies, 184 S., mit Zeichnungen und Detailplänen, kart. **DM 12,80**/S 99,–

Modellflug-Lexikon
(0549) Von Werner Thies, 280 S., 98 s/w-Fotos, 234 Zeichnungen, Pappband. **DM 36,–**/S 298,–

Flugmodelle
bauen und einfliegen. (0361) Von Werner Thies und Willi Rolf, 160 S., 63 Abb., 7 Faltpläne, kart. **DM 12,80**/S 99,–

Kleine Welt auf Rädern
Das faszinierende Spiel mit **Modelleisenbahnen** (4175) Von Florian Eisen, 256 S., 72 Farb- und 180 s/w-Fotos, 25 Zeichnungen, Pappband. **DM 29,80**/ S 239.–

Raketen auf Rädern
Autos und Motorräder an der Schallgrenze. (4220) Von Hans G. Isenberg, 96 S., 112 großformatige Farbfotos, 21 s/w-Fotos, Pappband. **DM 24,80**/S 198,–

Die rasantesten Rallyes der Welt
(4213) Von Hans G. Isenberg und Dirk Maxeiner, 96 S., 116 großformatige Farbfotos, Pappband. **DM 24,80**/S 198,–

Auto-Rallyes für jedermann
Planen – ausrichten – mitfahren. (0457) Von Rüdiger Hagelberg, 104 S., kart. **DM 9,80**/S 79,–

Die schnellsten Autos der Welt
(4201) Von Hans G. Isenberg und Dirk Maxeiner, 96 S., 110 meist vierfarbige Abb., Pappband. **DM 24,80**/S 198,–

Trucks
Giganten der Landstraßen in aller Welt. (4222) Von Hans G. Isenberg, 96 S., 131 Farbfotos, Pappband. **DM 24,80**/S 198,–

CB-Code
Wörterbuch und Technik. (0435) Von Richard Kerler, 120 S., mit technischen Abb., kart. **DM 9,80**/S 79,–

Ferngelenkte Elektromodelle
... bauen und fliegen. (0700) Von Werner Thies, 144 S., 52 s/w-Fotos, 52 Zeichnungen, kart. **DM 16,80**/139,–

Schiffsmodelle
selber bauen. (0500) Von Dietmar und Reinhard Lochner, 200 S., 93 Zeichnungen, 2 Faltpläne, kart. **DM 14,80**/S 119,–

Dampflokomotiven
(4204) Von Werner Jopp, 96 S., 134 großformatige Farbfotos, Pappband. **DM 24,80**/S 198,–

Zivilflugzeuge
Vom Kleinflugzeug zum Überschall-Jet. (4218) Von Richard J. Höhn und Hans G. Isenberg, 96 S., 115 großformatige Farbfotos, Pappband. **DM 24,80**/S 198,–

Die tollsten Motorflugzeuge aller Zeiten
(4208) Von Richard J. Höhn und Hans G. Isenberg, 96 S., 86 großformatige Farbfotos, Pappband. **DM 24,80**/S 198,–

Ferngelenkte Segelflugmodelle
bauen und fliegen. (0446) Von Werner Thies, 176 S., 22 s/w-Fotos, 115 Zeichnungen, kart. **DM 14,80**/S 119,–

Die schnellsten Motorräder der Welt
(4206) Von Hans G. Isenberg und Dirk Maxeiner, 96 S., 100 großformatige Farbfotos, Pappband. **DM 24,80**/S 198,–

Motorrad-Hits
Chopper, Tribikes, Heiße Öfen (4221) Von Hans G. Isenberg, 96 S., 119 Farbfotos, Pappband. **DM 24,80**/S 198,–

Die Super-Motorräder der Welt
(4193) Von Hans G. Isenberg, 192 S., 174 Farb- und 108 s/w-Fotos, Pappband. **DM 39,–**/S 319,–

Motorrad-Faszination
Heiße Öfen, von denen jeder träumt. (4223) Von Hans G. Isenberg, 96 S., 107 Farb- und 20 s/w-Fotos, Pappband. **DM 24,80**/S 198,–

Autos, die die Welt bewegten
Oldtimer
(2217) Von Hans G. Isenberg, 80 S., 51 s/w-Fotos, Pappband. **DM 9,80**/S 85,–

Münzen
Ein Brevier für Sammler. (0353) Von Erhard Dehnke, 128 S., 4 Farbtafeln, 17 s/w-Abb., kart. **DM 9,80**/S 79.–

Astronomie als Hobby
Sternbilder und Planeten erkennen und benennen. (0572) Von Detlev Block, 176 S., 16 Farbtafeln, 49 s/w-Fotos, 93 Zeichnungen, kart. **DM 14.80**/S 119.–

Gitarre spielen
Ein Grundkurs für den Selbstunterricht. (0534) Von Atti Roßmann, 96 S., 1 Schallfolie, 150 Zeichnungen, kart. **DM 24,80**/S 198.–

Falken-Handbuch **Zaubern**
Über 400 verblüffende Tricks. (4063) Von Friedrich Stutz, 368 S., 1200 Zeichnungen, geb. **DM 29,80**/S 239.–

Zaubern
einfach – aber verblüffend. (2018) Von Dieter Buoch, 84 S., 41 Zeichnungen, kart. **DM 6,80**/S 59.–

Zaubertricks
Das große Buch der Magie. (0282) Von Jochen Zmeck, 244 S., 113 Abb., kart. **DM 14,80**/S 119.–

Magische Zaubereien
(0672) Von Wilhelm Widenmann, 64 S., 31 Zeichnungen, kart. **DM 7,80**/S 69.–

Pfeife rauchen
(2203) Von Walter Hufnagel, 80 S., 77 Farbfotos, 4 s/w-Fotos, 11 Zeichnungen, Pappband. **DM 9,80**/S 85.–

Mineralien, Steine und Fossilien
Grundkenntnisse für Hobbysammler. (0437) Von Dieter Stobbe, 96 S., 16 Farbtafeln, 14 s/w-Fotos, 10 Zeichnungen, kart. **DM 9,80**/S 79.–

Freizeit mit dem Mikroskop
(0291) Von Martin Deckart, 132 S., 69 s/w-Fotos, 4 Zeichnungen, kart. **DM 9,80**/S 79.–

Die liebenswerte Welt der Puppen
(2212) Von Ursula D. Damrau, 80 S., 60 Fotos, Pappband. **DM 9,80**/S 85.–

Briefmarken
sammeln für Anfänger. (0481) Von Dieter Stein, 120 S., 4 Farbtafeln, 98 s/w-Abb., kart. **DM 7,80**/S 69.–

Wir lernen tanzen
Standard- und lateinamerikanische Tänze. (0200) Von Ernst Fern, 168 S., 118 s/w-Fotos, 47 Zeichnungen, kart. **DM 9,80**/S 79.–

Tanzstunde
(5018) Von Gerd Hädrich, 172 S., 442 s/w-Fotos, 140 Zeichnungen, Pappband. **DM 19,80**/S 159.–

FALKEN VERLAG

So tanzt man Rock'n'Roll
Grundschritte · Figuren · Akrobatik. (0573) Von Wolfgang Steuer und Gerhard Marz, 224 S., 303 Abb., kart. **DM 16,80**/S 139.–

Disco-Tänze
(0491) Von Barbara und Felicitas Weber, 104 S., 104 Abb., kart. **DM 6,80**/S 59.–

Tanzen überall
Discofox, Rock'n'Roll, Blues, Langsamer Walzer, Cha-Cha-Cha zum Selberlernen. (760) Von Holger M. Pritzer, 112 S., 128 Farbfotos, kart. **DM 19,80**/S 159.–

Videokassette **Tanzen überall**
Discofox, Rock'n'Roll, Blues. (6004/VHS, 6005/Video 2000, 6006/Beta) Von H. M. Pritzer, G. Steinheimer, in Farbe. **DM 98,–**/S 882,– unverb. Preisempfehlung

Entdecken Sie den **Hunsrück**
(2502) Von Gerhard Eckert, 96 S., 60 Farbfotos, kart., **DM 9,80** /S 79.–

Entdecken Sie das **Hochsauerland und den Arnsberger Wald**
(2503) Von Gerhard Eckert, 96 S., 75 Farbfotos, 3 Karten, kart. **DM 9,80**/S 79.–

Entdecken Sie **Kärnten**
(2505) Von Gerhard Eckert, 96 S., 96 Farbfotos, kart. **DM 9,80**/S 79.–

Entdecken Sie den **Bodensee**
(2506) Von Gerhard Eckert, 96 S., 97 Farbfotos, kart. **DM 9,80** /S 79.–

Entdecken Sie das **Montafon**
(2501) Von Gerhard Eckert, 96 S., 82 Farbfotos, kart. **DM 9,80** /S 79.–

Romantisches Deutschland
(4168) Von H. Bücken, 160 S., über 350 Fotos, Pappband. **DM 29,80**/S 239.–

Unser schönes Deutschland neu gesehen
(4199) Hrsg. Udo Moll, 208 S., 800 Farbfotos, Pappband. **DM 29,80**/S 239.–

Schwarzwald-Romantik
Vom Zauber einer deutschen Landschaft. (4232) Hrsg. von Anita Rolf, 184 S., 273 Farbbilder, Pappband. **DM 29,80**/S 239.–

Sport

Judo
Grundlagen des Stand- und Bodenkampfes. (4013) Von Wolfgang Hofmann, 244 S., 589 Fotos, gebunden **DM 29,80** /S 239.–

Neue Lehrmethoden der Judo-Praxis
(0424) Von Pierre Herrmann, 223 S., 475 Abb., kart. **DM 16,80** /S 139.–

Judo
Grundlagen – Methodik. (0305) Von Mahito Ohgo, 208 S., 1025 Fotos, kart. **DM 14,80** /S 119.–

Wir machen Judo
(5069) Von Riccardo Bonfranchi und Ulrich Klocke, 92 S., mit Bewegungsabläufen in cartoonartigen zweifarbigen Zeichnungen, kart. **DM 12,80** /S 99.–

Fußwürfe
für Judo, Karate und Selbstverteidigung. (0439) Von Hayward Nishioka, 96 S., 260 Abb., kart. **DM 9,80** /S 79.–

Karate für alle
Karate Selbstverteidigung in Bildern. (0314) Von Albrecht Pflüger, 112 S., 356 s/w-Fotos, kart. **DM 9,80** /S 79.–

Karate für Frauen und Mädchen
Sport und Selbstverteidigung. (0425) Von Albrecht Pflüger, 168 S., 259 s/w-Fotos, kart. **DM 9,80** /S 79.–

Das Karate-Buch Ereignis seit Jahren! Alles Wissen über KARATE – die hohe Kunst der Selbstverteidigung – in einer 8bändigen Buchserie.

Nakayamas Karate perfekt 1
Einführung. (0487) Von Masatoshi Nakayama, 136 S., 605 s/w-Fotos, kart. **DM 19,80**/S 159.–

Nakayamas Karate perfekt 2
Grundtechniken. (0512) Von Masatoshi Nakayama, 136 S., 354 s/w-Fotos, 53 Zeichnungen, kart. **DM 19,80**/S 159.–

Nakayamas Karate perfekt 3
Kumite 1: Kampfübungen. (0538) Von Masatoshi Nakayama, 128 S., 424 s/w-Fotos, kart. **DM 19,80** /S 159.–

Nakayamas Karate perfekt 4
Kumite 2: Kampfübungen. (0547) Von Masatoshi Nakayama, 128 S., 394 s/w-Fotos, kart. **DM 19,80** /S 159.–

Nakayamas Karate perfekt 5
Kata 1: Heian, Tekki. (0571) Von Masatoshi Nakayama, 144 S., 1229 s/w-Fotos, kart. **DM 19,80** /S 159.–

Nakayamas Karate perfekt 6
Kata 2: Bassai-Dai, Kanku-Dai, (0600) Von Masatoshi Nakayama, 144 S., 1300 s/w-Fotos, 107 Zeichnungen, kart. **DM 19,80** /S 159.–

Nakayamas Karate perfekt 7
Kata 3: Jitte, Hangetsu, Empi. (0618) Von Masatoshi Nakayama, 144 S., 1988 s/w-Fotos, 105 Zeichnungen, kart. **DM 19,80** /S 159.–

Nakayamas Karate perfekt 8
Gankaku, Jion. (0650) Von Masatoshi Nakayama, 144 S., 1174 s/w-Fotos, kart. **DM 19,80** /S 159.–

Kontakt-Karate
Ausrüstung · Technik · Training. (0396) Von Albrecht Pflüger, 112 S., 238 s/w-Fotos, kart. **DM 14,80** /S 119.–

Karate-Do
Das Handbuch des modernen Karate. (4028) Von Albrecht Pflüger, 360 S., 1159 Abb., gebunden. **DM 29,80** /S 239.–

Bo-Karate
Kukishin-Ryu – die Techniken des Stockkampfes. ((0447) Von Georg Stiebler, 176 S., 424 s/w-Fotos, 38 Zeichnungen, kart. **DM 16,80** /S 139.–

Karate I
Einführung · Grundtechniken. (0227) Von Albrecht Pflüger, 148 S., 195 s/w-Fotos und Zeichnungen, kart. **DM 9,80** /S 79.–

Karate II
Kombinationstechniken · Katas. (0239) Von Albrecht Pflüger, 176 S., 452 s/w-Fotos und Zeichnungen, kart. **DM 9,80**/S 79.–

Karate Kata 1
Heian 1-5, Tekki 1, Bassai Dai. (0683) Von Wolf-Dieter Wichmann, 164 S., 703 s/w-Fotos, kart. **DM 19,80** /S 159.–

Ninja 1
Der Geist der Schattenkämpfer. (0758) Von Stephen K. Hayes, 144 S., 137 s/w-Fotos, kart. **DM 16,80**/S 139,–

Der König des Kung-Fu
Bruce Lee
Sein Leben und Kampf. (0392) Von seiner Frau Linda. 136 S., 104 s/w-Fotos, mit großem Bruce-Lee-Poster, kart. **DM 19,80**/S 159.–

Bruce Lees Kampfstil 1
Grundtechniken. (0473) Von Bruce Lee und M. Uyehara, 109 S., 220 Abb., kart. **DM 9,80**/S 79.–

Bruce Lees Kampfstil 2
Selbstverteidigungstechniken. (0486) Von Bruce Lee und M. Uyehara, 128 S., 310 Abb., kart. **DM 9,80** /S 79.–

Bruce Lees Kampfstil 3
Trainingslehre. (0503) Von Bruce Lee und M. Uyehara, 112 S., 246 Abb., kart. **DM 9,80** /S 79.–

Bruce Lees Kampfstil 4
Kampftechniken. (0523) Von Bruce Lee und M. Uyehara, 104 S., 211 Abb., kart. **DM 9,80** /S 79.–

Bruce Lees Jeet Kune Do
(0440) Von Bruce Lee, übersetzt von Hans-Jürgen Hesse, 192 S., mit 105 eigenhändigen Zeichnungen von Bruce Lee, kart. **DM 19,80** /S 159.–

FALKEN VERLAG

Ju-Jutsu
Grundtechniken – Moderne Selbstverteidigung. (0276) Von Werner Heim und Franz J. Gresch, 160 S., über 600 s/w-Fotos, kart.
DM 9,80/S 79.–

Ju-Jutsu 2
für Fortgeschrittene und Meister. (0378) Von Werner Heim und Franz J. Gresch, 164 S., 798 s/w-Fotos, kart.
DM 19,80/S 159.–

Ju-Jutsu 3
Spezial-, Gegen- und Weiterführungstechniken. (0485) Von Werner Heim und Franz J. Gresch, 214 S., über 600 s/w-Fotos, kart.
DM 19,80/S 159.–

Nunchaku
Waffe · Sport · Selbstverteidigung. (0373) Von Albrecht Pflüger, 144 S., 247 Abb., kart. **DM 16,80**/S 139.–

Shuriken · Tonfa · Sai
Stockfechten und andere bewaffnete Kampfsportarten aus Fernost. (0397) Von Andreas Schulz, 96 S., 253 s/w-Fotos, kart. **DM 12,80**/S 99.–

Illustriertes Handbuch des Taekwon-Do
Koreanische Kampfkunst und Selbstverteidigung. (4053) Von Konstantin Gil, 248 S., 1026 Abb., gebunden.
DM 29,80/S 239.–

Taekwon-Do
Koreanischer Kampfsport. (0347) Von Konstantin Gil, 152 S., 408 Abb., kart.
DM 12,80/S 99.–

Aikido
Lehren und Techniken des harmonischen Weges. (0537) Von Rolf Brand, 280 S., 697 Abb., kart. **DM 19,80**/S 159.–

Kung-Fu und Tai-Chi
Grundlagen und Bewegungsabläufe. (0367) Von Bruce Tegner, 182 S., 370 s/ w-Fotos, kart. **DM 14,80**/S 119.–

Kung-Fu II
Theorie und Praxis klassischer und moderner Stile. (0376) Von Manfred Pabst, 160 S., 330 Abb., kart.
DM 12,80/S 99.–

Shaolin-Kempo – Kung-Fu
Chinesisches Karate im Drachenstil. (0395) Von Ronald Czerni und Klaus Konrad. 246 S., 723 Abbildungen, kart.
DM 19,80/S 159.–

Hap Ki Do
Grundlagen und Techniken koreanischer Selbstverteidigung. (0379) Von Kim Sou Bong, 112 S., 153 Abb., kart.
DM 14,80/S 119.–

Dynamische Tritte
Grundlagen für den Zweikampf. (0438) Von Chong Lee, 96 S., 398 s/w-Fotos, 10 Zeichnungen, kart. **DM 9,80**/S 79.–

Muskeltraining mit Hanteln
Leistungssteigerung für Sport und Fitness. (0676) Von Hans Schulz, 108 S., 92 s/w-Fotos, 2 Zeichnungen, kart.
DM 9,80/S 79.–

Leistungsfähiger durch Krafttraining
Eine Anleitung für Fitness-Sportler, Trainer und Athleten (0617) Von Werner Kieser, 100 S., 20 s/w-Fotos, 62 Zeichnungen, kart. **DM 9,80**/S 79.–

Bodybuilding
Anleitung zum Muskel- und Konditionstraining für sie und ihn. (0604) Von Reinhard Smolana. 160 S., 172 Fotos, kart. **DM 9,80**/S 79.–

Bodybuilding für Frauen
Wege zu Ihrer Idealfigur (0661) Von Hans Schulz, 108 S., 84 s/w-Fotos, großes farbiges Übungsposter, kart.
DM 14,80/S 119.–

Isometrisches Training
Übungen für Muskelkraft und Entspannung. (0529) Von Lothar M. Kirsch, 140 S., 164 s/w-Fotos, kart.
DM 9,80/S 79.–

Radsport
Radtouristik und Rennen, Technik, Typen. (0550) Von Karl Ziegler und Rolf Lehmann, 120 S., 55 Abb., kart.
DM 9,80/S 79.–

Spaß am Laufen
Jogging für die Gesundheit. (0470) Von Werner Sonntag, 140 S., 41 s/w-Fotos, 1 Zeichnung, kart. **DM 9,80**/S 79.–

Mein bester Freund, der Fußball
(5107) Von Detlev Brüggemann und Dirk Albrecht, 144 S., 171 Abb., kart.
DM 16,80/S 139.–

Fußball
Training und Wettkampf. (0448) Von Holger Obermann und Peter Walz, 166 S., 93 s/w-Fotos, 56 Zeichnungen, kart.
DM 12,80/S 99.–

Handball
Technik – Taktik – Regeln. (0426) Von Fritz und Peter Hattig, 128 S., 91 s/w-Fotos, 121 Zeichnungen, kart.
DM 14,80/S 119.–

Volleyball
Technik – Taktik – Regeln. (0351) Von Henner Huhle, 102 S., 330 Abb., kart.
DM 9,80/S 79.–

Basketball
Technik und Übungen für Schule und Verein. (0279) Von Chris Kyriasoglou, 116 S., mit 252 Übungen zur Basketballtechnik, 186 s/w-Fotos und 164 Zeichnungen, kart. **DM 12,80**/S 99.–

Hockey
Technische und taktische Grundlagen. (0398) Von Horst Wein, 152 S., mit vielen Zeichnungen und Fotos, kart.
DM 16,80/S 139.–

Eishockey
Lauf- und Stocktechnik, Körperspiel, Taktik, Ausrüstung und Regeln, (0414) Von Josef Čapla, 264 S., 567 s/w-Fotos, 163 Zeichnungen, kart.
DM 19,80/S 159.–

Badminton
Technik · Taktik · Training. (0699) Von Klaus Fuchs, Lars Sologub, 168 S., 51 Farbabb., kart.,
DM 16,80/S 139.–

Golf
Ausrüstung – Technik – Regeln. (0343) Von J. C. Jessop, übersetzt von Heinz Biemer, mit einem Vorwort von H. Krings, Präsident des Deutschen Golf-Verbandes, 160 S., 65 Abb., Anhang Golfregeln des DGV, kart.
DM 16,80/S 139.–

Pool-Billard
(0484) Herausgegeben vom Deutschen Pool-Billard-Bund, von Manfred Bach und Karl-Werner Kühn, 88 S., mit über 80 Abb., kart. **DM 7,80**/S 69.–

Sportschießen
für jedermann. (0502) Von Anton Kovacic, 124 S., 116 s/w-Fotos, kart.
DM 14,80/S 119.–

Fechten
Florett · Degen · Säbel. (0449) Von Emil Beck, 88 S., 219 Fotos und Zeichnungen, kart. **DM 11,80**/S 94.–

Reiten
Dressur · Springen · Gelände. (0415) Von Ute Richter, 168 S., 235 Abb., kart.
DM 12,80/S 99.–

Fibel für Kegelfreunde
Sport- und Freizeitkegeln · Bowling. (0191) Von Georg Bocsai, 72 S., mit über 60 Abb., kart. **DM 5,80**/S 49.–

Beliebte und neue Kegelspiele
(0271) Von Georg Bocsai, 92 S., 62 Abb., kart. **DM 5,80**/S 49.–

111 spannende Kegelspiele
(2031) Von Hermann Regulski, 88 S., 53 Zeichnungen, kart., **DM 7,80**/S 69.–

Ski-Gymnastik
Fit für Piste und Loipe. (0450) Von Hannelore Pilss-Samek, 104 S., 67 s/w-Fotos, 20 Zeichnungen, kart.
DM 6,80/S 59.–

Skischule
Ausrüstung · Technik · Gymnastik. (0369) Von Richard Kerler, 128 S., 100 Abb., kart. **DM 9,80**/S 79.–

Skilanglauf, Skiwandern
Ausrüstung und Techniken (5129) Von T. Reiter und R. Kerler, 80 S., 8 Farbtafeln, 85 Zeichnungen und s/w-Fotos, kart. **DM 14,80**/S 119.

Alpiner Skisport
Ausrüstung · Techniken · Skigymnastik (5130) Von Kuno Meßmann, 128 S., 8 Farbfotos, 93 s/w-Fotos, 45 Zeichnungen, kart. **DM 12,80**/S 99.–

Frust und Freud beim Tennis
Psychologische Studien der Spielertypen und Verhaltensweisen.
(4079) Von H. Cath, A. Kahn und N. Cobb, 176 S., gebunden. **DM 19,80**/S 159.–

Die neue Tennis-Praxis
Der individuelle Weg zu erfolgreichem Spiel. (4079) Von Richard Schönborn, 240 S., 202 Farbzeichnungen, gebunden.
DM 39,–/S 319.–

Erfolgreiche Tennis-Taktik
(4086) Von Robert Ford Greene, übersetzt von Michael Rolf Fischer, 181 S., 87 Abb., kart. **DM 19,80**/S 159.–

Tennis kompakt
Der erfolgreiche Weg zu Spiel, Satz und Sieg. (5116) Von Wilfried Taferner, 128 S., 82 s/w-Fotos, 67 Zeichnungen, kart. **DM 12,80**/S 99.–

Tennis
Technik – Taktik – Regeln. (0375) Von Harald Elschenbroich, 112 S., 81 Abb., kart. **DM 6,80**/S 59.–

Squash
Ausrüstung – Technik – Regeln. (0539) Von Dietrich von Horn und Hein-Dirk Stünitz, 96 S., 55 s/w-Fotos, 25 Zeichnungen, kart. **DM 8,80**/S 74.–

Sporttauchen
Theorie und Praxis des Gerätetauchens.
(0647) Von Siegfried Müßig, 144 S., 8 Farbtafeln, 35 s/w-Fotos, 89 Zeichnungen, kart., **DM 12,80/S 99.–**

Falken-Handbuch **Tauchsport**
Theorie · Geräte · Technik · Training.
(4062) Von Wolfgang Freihen, 268 S., 32 Farb- u. 201 s/w-Fotos, gebunden.
DM 39,–/S 319.–

Windsurfing
Lehrbuch für Grundschein und Praxis.
(5028) Von Calle Schmidt, 64 S., 60 Farbfotos, Pappband.
DM 12,80/S 99.–

Sportfischen
Fische – Geräte – Technik.
(0324) Von Helmut Oppel, 144 S., 49 s/w-Fotos, 8 Farbtafeln, kart.
DM 9,80/S 79.–

Falken-Handbuch **Angeln**
in Binnengewässern und im Meer.
(4090) Von Helmut Oppel, 344 S., 24 Farbtafeln, 66 s/w-Fotos, 151 Zeichnungen, gebunden.
DM 39,–/S 319.–

Angeln
Kleine Fibel für den Sportfischer.
(0198) Von Eberhard Bondick, 96 S., 116 Abb., kart. **DM 8,80/S 74.–**

Die Erben Lilienthals
Sportfliegen heute
(4054) Von Günter Brinkmann, 240 S., 32 Farbtafeln, 176 s/w-Fotos, 33 Zeichnungen, gebunden.
DM 39,–/S 319.–

Einführung in das Schachspiel
(0104) Von Walter Wollenschläger und Karl Colditz, 92 S., 65 Diagramme, kart. **DM 6,80/S 59.–**

Schach-WM '81
Karpow – Kortschnoi. Mit ausführlichem Kommentar zu allen Partien.
(0583) Von Großmeister Helmut Pfleger und Otto Borik, 179 S., zahlreiche Diagramme und Fotos, kart.
DM 16,80/S 139.–

Spielend Schach lernen
(2002) Von Theo Schuster, 128 S., kart. **DM 6,80/S 59.–**

Kinder- und Jugendschach
Offizielles Lehrbuch zur Erringung der Bauern-, Turm- und Königsdiplome des Deutschen Schachbundes.
(0561) Von Berend J. Withuis und Helmut Pfleger, 144 S., 11 s/w-Fotos, 223 Abb., kart. **DM 12,80/S 99.–**

Neue Schacheröffnungen
(0478) Von Theo Schuster, 108 S., 100 Diagramme, kart. **DM 8,80/S 74.–**

Schach für Fortgeschrittene
Taktik und Probleme des Schachspiels.
(0219) Von Rudolf Teschner, 96 S., 85 Schachdiagramme, kart.
DM 5,80/S 49.–

Taktische Schachendspiele
(0752) Von John Nunn, 200 S., 151 Diagramme, kart.
DM 16,80/S 139.–

Schach TV-Worldcup '82
Turnier der Schachgroßmeister.
(4133) Von Helmut Pfleger und Eugen Kurz, 208 S., 41 s/w-Fotos, 3 Zeichnungen, gebunden.
DM 26,80/S 218.–

Schachstrategie
Ein Intensivkurs mit Übungen und ausführlichen Lösungen.
(0584) Von Alexander Koblenz, dt. Bearb. von Karl Colditz, 212 S., 240 Diagramme, kart.
DM 16,80/S 139.–

Falken-Handbuch **Schach**
Das Handbuch für Anfänger und Könner.
(4051) Von Theo Schuster, 360 S., über 340 Diagramme, gebunden.
DM 29,80/S 239.–

Die besten Partien der deutschen Schachgroßmeister
(4121) Von Helmut Pfleger, 192 S., 29 s/w-Fotos, 89 Diagramme, Pappband.
DM 29,80/S 239.–

Turnier der Schachgroßmeister '83
Karpow · Hort · Browne · Miles · Chandler · Garcia · Rogers · Kindermann.
(0718) Von Helmut Pfleger · Eugen Kurz, 176 S., 28 s/w-Fotos, 69 Diagramme, kart. **DM 16,80/S 139.–**

Lehr-, Übungs- und Testbuch der Schachkombinationen
(0649) Von Karl Colditz, 184 S., über 200 Diagramme, kart.
DM 14,80/S 119.–

Zug um Zug
Schach für jedermann 1
Offizielles Lehrbuch des Deutschen Schachbundes zur Erringung des Bauerndiploms.
(0648) Von Helmut Pfleger und Eugen Kurz, 80 S., 24 s/w-Fotos, 8 Zeichnungen, 60 Diagramme, kart. **DM 6,80/S 59.–**

Zug um Zug
Schach für jedermann 2
Offizielles Lehrbuch des Deutschen Schachbundes zur Erringung des Turmdiploms. (0659) Von Helmut Pfleger und Eugen Kurz, 132 S., 8 s/w-Fotos, 14 Zeichnungen, 78 Diagramme, kart.
DM 9,80/S 79.–

Zug um Zug
Schach für jedermann 3
Offizielles Lehrbuch des Deutschen Schachbundes zur Erinnerung des Königsdiploms.
(0728) Von H. Pfleger/G. Treppner, 128 S., 4 s/w-Fotos, 83 Diagramme, kart. **DM 9,80/S 79.–**

Schachtraining mit den Großmeistern
(0670) Von Hans Bouwmeester, 128 S., 90 Diagramme, kart.
DM 14,80/ S 119.–

Schach als Kampf
(0729) Von Gary Kasparow, 144 S., 95 Diagramme, 9 s/w-Fotos, kart.,
DM 14,80/S 119.–

Fit und gesund
(0782) Von Hans Schulz, 80 S., 100 Farbfotos, 3 Zeichnungen, kart.
DM 14,80/S 119.–
Video-Kassette:
Fit und gesund
VHS (6013), Video 2000 (6014), Beta (6015). Laufzeit 30 Minuten, in Farbe. **DM 49,80/S 448.–**
(unverb. Preisempf.)

Spiele, Denksport, Unterhaltung

Kartenspiele
(2001) Von Claus D. Grupp, 144 S., kart. **DM 9,80/S 79.–**

Neues Buch der siebzehn und vier Kartenspiele
(0095) Von Karl Lichtwitz, 96 S., kart. **DM 6,80/S 59.–**

Alles über Pokern
Regeln und Tricks.
(2024) Von Claus D. Grupp, 120 S., 29 Kartenbilder, kart.
DM 8,80/S 74.–

Rommé und Canasta
in allen Variationen.
(2025) Von Claus D. Grupp, 124 S., 24 Zeichnungen, kart.,
DM 9,80/S 79.–

Schafkopf, Doppelkopf, Binokel, Cego, Gaigel, Jaß, Tarock und andere „Lokalspiele".
(2015) Von Claus D. Grupp, 152 S., kart. **DM 9,80/S 79.–**

Das Skatspiel
Eine Fibel für Anfänger.
(0206) Von Karl Lehnhoff, überarb. von P. A. Höfges, 96 S., kart.
DM 6,80/S 59.–

Black Jack
Regeln und Strategien des Kasinospiels
(2032) Von Konrad Kelbratowski, 88 S., kart. **DM 9,80/S 79.–**

Falken-Handbuch **Patiencen**
(4151) Von U. v. Lyncker, ca. 192 S., ca. 120 Abbildungen, Pappband.
DM 19,80/S 159.–

Patiencen
in Wort und Bild.
(2003) Von Irmgard Wolter, 136 S., kart. **DM 7,80/S 69.–**

Falken-Handbuch **Bridge**
Von den Grundregeln zum Turniersport.
(4092) Von Wolfgang Voigt und Karl Ritz, 276 S., 792 Zeichnungen, gebunden.
DM 39,-/S 319.–

Spielend Bridge lernen
(2012) Von Josef Weiss, 108 S., kart. **DM 7,80/S 69.–**

Spieltechnik im Bridge
(2004) Von Victor Mollo und Nico Gardener, deutsche Adaption von Dirk Schröder, 216 S., kart.
DM 16,80/S 139.–

Besser Bridge spielen
Reiztechnik, Spielverlauf und Gegenspiel. (2026) Von Josef Weiss, 143 S., mit vielen Diagrammen, kart. **DM 14,80/S 119.–**

Herausforderung im Bridge
200 Aufgaben mit Lösungen.
(2033) Von Victor Mollo, 152 S., kart.
DM 19,80/S 159.–

Kartentricks
(2010) Von Theodor A. Rosee, 80 S., 13 Zeichnungen, kart. **DM 6,80/S 59.–**

FALKEN VERLAG

Die Preise entsprechen dem Status beim Druck dieses

Falken-Handbuch **Patiencen**
(4151) Von Ursula v. Lyncker, 216 S., 108 Abbildungen, Pappband.
DM 29,80/S 239.–

Neue Kartentricks
(2027) Von Klaus Pankow, 104 S., 20 Abb., kart. **DM 7,80**/S 69.–

Mah-Jongg
Das chinesische Glücks-, Kombinations- und Gesellschaftsspiel. (2030) Von Ursula Eschenbach, 80 S., 30 s/w-Fotos, 5 Zeichnungen, kart. **DM 9,80**/S 79.–

Backgammon
für Anfänger und Könner. (2008) Von Georg W. Fink und Guido Fuchs, 116 S., 41 Abb., kart. **DM 9,80**/S 79.–

Würfelspiele
für jung und alt. (2007) Von Friedrich Pruss, 112 S., kart. **DM 7,80**/S 69.–

Gesellschaftsspiele
für drinnen und draußen. (2006) Von Heinz Görz, 128 S., kart.
DM 6,80/S 59.–

Spiele für Party und Familie
(2014) Von Rudi Carell, 160 S., 50 Abb., gebunden. **DM 9,80**/S 79.–

Dame
Das Brettspiel in allen Variationen. (2028) Von Claus D. Grupp, 104 S., viele Diagramme, kart. **DM 9,80**/S 79.–

Das japanische Brettspiel GO
(2020) Von Winfried Dörholt, 104 S., 182 Diagramme, kart. **DM 9,80**/S 79.–

Roulette richtig gespielt
Systemspiele, die Vermögen brachten. (0121) Von Martin Jung, 96 S., zahlreiche Tabellen, kart. **DM 7,80**/S 69.–

So gewinnt man gegen Video- und Computerspiele
(0644) Von Christine Kerler, 160 S., 25 Zeichnungen, 21 s/w-Fotos, kart.
DM 6,80/S 59.–

Denksport und Schnickschnack
für Tüftler und fixe Köpfe. (0362) Von Jürgen Barto, 100 S., 45 Abb., kart.
DM 6,80/S 59.–

Rätselspiele, Quiz- und Scherzfragen
für gesellige Stunden. (0577) Von Karl-Hermann Schneider, 168 S., über 100 Zeichnungen, Pappband.
DM 16,80/S 139.–

Knobeleien und Denksport
(2019) Von Klas Rechberger, 142 S., mit vielen Zeichnungen, kart.
DM 7,80/S 69.–

Quiz
Mehr als 1500 ernste und heitere Fragen aus allen Gebieten. (0129) Von Reinhold Sautter und Waltraud Pröve, 92 S., 9 Zeichnungen, kart. **DM 6,80**/S 59.–

Der große Rätselknacker
Über 100.000 Rätselfragen. (4022) Zusammengestellt von Hans-Jürgen Winkler, 544 S., kart.
DM 19,80/S 159.–

Rätsel lösen – ein Vergnügen
Ein Lexikon für Rätselfreunde. (0182) Von Erich Maier, 240 S., kart.
DM 12,80/S 99.–

500 Rätsel selberraten
(0681) Von Eberhard Krüger, 272 S., kart. **DM 9,95**/S 79.–

Das Super-Kreuzwort-Rätsel-Lexikon
Über 150.000 Begriffe. (4126) Von Hans Schiefelbein, 688 S., Pappband.
DM 19,80/S 159.–

365 Schwedenrätsel
(4173) Von Günther Borutta, 336 S., kart. **DM 16,80**/S 139.–

501 Rätsel selberraten
(0711) Von Eberhard Krüger, 272 S., kart. **DM 9,95**/S 79.–

Riesen-Kreuzwort-Rätsel-Lexikon
über 250.000 Begriffe auf 1.000 Seiten. (4197) Von Hans Schiefelbein, 1024 S., Pappband. **DM 25,–**/S 200 (ab 1. 1. 86 DM 29,80/S 239.–)

Es war einmal ...
Unsere beliebtesten Märchen
(4170) Hrsg. von R. Wehse und D. Enzian, 208 S., 119 Zeichnungen, Pappband,
DM 19,80/S 159.–

Das große farbige Kinderlexikon
(4195) Von Ursula Kopp, 320 S., 650 Farbabbildungen, 17 s/w-Fotos, Pappband. **DM 29,80**/S 239.–

Punkt, Punkt, Komma, Strich
Zeichenstunden für Kinder. (0564) Von Hans Witzig, 144 S., über 250 Zeichnungen, kart. **DM 6,80**/S 59.–

Einmal grad und einmal krumm
Zeichenstunden für Kinder. (0599) Von Hans Witzig, 144 S., 363 Abb., kart.
DM 6,80/S 59.–

Kinderspiele
die Spaß machen.
(2009) Von Helen Müller-Stein, 112 S., 28 Abb., kart. **DM 6,80**/S 59.–

Spiele für Kleinkinder
(2011) Von Dieter Kellermann, 80 S., kart. **DM 5,80**/S 49.–

Kasperletheater
Spieltexte und Spielanleitungen Basteltips für Theater und Puppen. (0641) Von Ursula Lietz, 136 S., 4 Farbtafeln, 12 s/w-Fotos, 39 Zeichnungen, kart. **DM 9,80**/S 79.–

Kindergeburtstag
Vorbereitung, Spiel und Spaß. (0287) Von Dr. Ilse Obrig, 104 S., 40 Abb., 11 Zeichnungen, 9 Lieder mit Noten, kart.
DM 5,80/S 49.–

Kindergeburtstage die keiner vergißt
Planung, Gestaltung, Spielvorschläge (0698) Von G. und G. Zimmermann, 102 S., kart. **DM 9,80**/S 79.–

Kinderfeste
daheim und in Gruppen. (4033) Gerda Blechner, 240 S., 320 Abb., gebunden.
DM 19,80/S 159.–

Scherzfragen, Drudel und Blödeleien
gesammelt von Kindern. (0506) Herausgegeben von Waltraud Pröve, 112 S., 57 Zeichnungen, kart. **DM 5,80**/S 49.–

Lach mit den Schlümpfen
(0610) Von Peyo, 64 S., viele Abb., kart.
DM 6,80/S 59.–

Die Schlümpfe und ihre Freunde
(0686) Von Peyo, 80 S., viele Zeichnungen, kart. **DM 2,95**/S 24.–

Die Schlümpfe und der Zauberer Gargamel
(0687) Von Peyo, 80 S., viele Zeichnungen, kart. **DM 2,95**/S 24.–

Die Schlümpfe und Schlumpfinchen
(0688) Von Peyo, 80 S., viele Zeichnungen, kart. **DM 2,95**/S 24.–

Die Schlümpfe in Schlumpfhausen
(0689) Von Peyo, 80 S., viele Zeichnungen, kart. **DM 2,95**/S 24.–

Kein schöner Land ...
Das große Buch unserer beliebtesten Volkslieder. (4150) Das Buch zur Aktion „Dalli-Dalli hilft", 208 S., 108 Farbzeichnungen, Pappband. **19,80**/S 159.–

Die schönsten Wander- und Fahrtenlieder
(0462) Herausgegeben von Franz R. Miller, empfohlen vom Deutschen Sängerbund, 80 S., mit Noten und Zeichnungen, kart. **DM 5,80**/S 49.–

Die schönsten Volkslieder
(0432) Herausgegeben von Dietmar Walther, 128 S., mit Noten und Zeichnungen, kart. **DM 4,80**/S 39.–

Die schönsten Berg- und Hüttenlieder
(0514) Herausgegeben von Franz R. Miller, empfohlen vom Deutschen Sängerbund, 104 S., mit Noten und Zeichnungen, kart. **DM 5,80**/S 49.–

Wir geben eine Party
(0192) Von Elisabeth Ruge, 88 S., 8 Farbtafeln, 23 Zeichnungen, kart.
DM 8,80/S 74.–

Neue Spiele für Ihre Party
(2022) Von Gerda Blechner, 120 S., 54 Zeichnungen, kart. **DM 7,80**/S 69.–

Lustige Tanzspiele und Scherztänze
für Parties und Feste. (0165) Von Ewald Bäulke, 80 S., 53 Abb., kart.
DM 6,80/S 59.–

Straßenfeste, Flohmärkte und Basare
Praktische Tips für Organisation und Durchführung. (0592) Von Hugo Schuster, 96 S., 52 Fotos, 17 Zeichnungen, kart. **DM 12,80**/S 99.–

Humor

Wilhelm-Busch-Album
Jubiläumsausgabe mit 1700 farbigen Bildern. (3028) 408 S., Großformat, geb.
DM 39,–/S 319.–

Es ist ein Brauch von alters her ...
Lebensweisheiten
(2214) Von Wilhelm Busch, 80 S., 38 Zeichnungen, Pappband.
DM 9,80/ S 85.–

Lachen, Witz und gute Laune
Lustige Texte für Ansagen und Vorträge. (0149) Von Erich Müller, 104 S., 44 Abb., kart. **DM 6,80**/S 59.–

FALKEN VERLAG

Tolle Sketche
mit zündenden Pointen – zum Nachspielen. (0656) Von Eberhard Cohrs, 112 S., kart. **DM 9,80**/S 79.–

Vergnügliche Sketche
(0476) Von Horst Pillau, 96 S., mit lustigen Zeichnungen, kart. **DM 6,80**/S 59.–

Heitere Vorträge
(0528) Von Erich Müller, 182 S., 14 Zeichnungen, kart. **DM 9,80**/S 79.–

Die große Lachparade
Neue Texte für heitere Vorträge und Ansagen. (0188) Von Erich Müller, 108 S., kart. **DM 7,80**/S 69.–

So feiert man Feste fröhlicher
Heitere Vorträge und Gedichte. (0098) Von Dr. Allos, 96 S., 15 Abb., kart. **DM 7,80**/S 69.–

Lustige Vorträge für fröhliche Feiern
Sketche, Vorträge und Conferencen für Karneval und fröhliche Feste. (0284) Von Karl Lehnhoff, 96 S., kart. **DM 6,80**/S 59.–

Vergnügliches Vortragsbuch
(0091) Von Joseph Plaut, 192 S., kart. **DM 7,80**/S 69.–

Tolle Sachen zum Schmunzeln und Lachen
Lustige Ansagen und Vorträge. (0163) Von Erich Müller, 92 S., kart. **DM 6,80**/S 59.–

Humor für jedes Ohr
Fidele Sketche und Ansagen. (0157) Von Heinz Ehnle. 96 S., kart. **DM 6,80**/S 59.–

Sketche und spielbare Witze
für bunte Abende und andere Feste. (0445) Von Hartmut Friedrich, 120 S., 7 Zeichnungen, kart. **DM 6,80**/S 59.–

Sketsche
Kurzspiele zu amüsanter Unterhaltung. (0247) Von Margarete Gering, 132 S., 16 Abb., kart., **DM 6,80**/59.–

Dalli-Dalli-Sketche
aus dem heiteren Ratespiel von und mit Hans Rosenthal. (0527) Von Horst Pillau, 144 S., 18 Zeichnungen, kart. **DM 9,80**/S 79.–

Non Stop Nonsens
Sketche und Witze mit Spielanleitungen. (0511) Von Dieter Hallervorden, 160 S., geb. **DM 14,80**/S 119.–

Gereimte Vorträge
für Bühne und Bütt. (0567) Von Günter Wagner, 96 S., kart. **DM 7,80**/S 69.–

Damen in der Bütt
Scherze, Büttenreden, Sketche. (0354) Von Traudi Müller, 136 S., kart. **DM 8,80**/S 74.–

Narren in der Bütt
Leckerbissen aus dem rheinischen Karneval. (0216) Zusammengestellt von Theo Lücker, 112 S., kart. **DM 6,80**/S 59.–

Rings um den Karneval
Karnevalsscherze und Büttenreden. (0130) Von Dr. Allos, 136 S., kart. **DM 9,80**/S 79.–

Helau und Alaaf 1
Närrisches aus der Bütt. (0304) Von Erich Müller, 112 S., kart. **DM 6,80**/S 59.–

Helau und Alaaf 2
Neue Büttenreden. (0477) Von Edmund Luft, 104 S., kart. **DM 7,80**/S 69.–

Humor und Stimmung
Ein heiteres Vortragsbuch. (0460) Von Günter Wagner, 112 S., kart. **DM 6,80**/S 59.–

Humor und gute Laune
Ein heiteres Vortragsbuch. (0635) Von Günter Wagner, 112 S., kart. **DM 8,80**/S 74.–

Das große Buch der Witze
(0384) Von E. Holz, 320 S., 36 Zeichnungen, geb. **DM 16,80**/S 139.–

Da lacht das Publikum
Neue lustige Vorträge für viele Gelegenheiten. (0716) Von Heinz Schmalenbach, 104 S., kart. **DM 9,80**/S 79.–

Witzig, witzig
(0507) Von Erich Müller, 128 S., 16 Zeichnungen, kart. **DM 6,80**/S 55.–

Die besten Witze und Cartoons des Jahres 1
(0454) Herausgegeben von Karl Hartmann, 288 S., 125 Zeichnungen, geb. **DM 16,80**/S 139.–

Die besten Witze und Cartoons des Jahres 2
(0488) Herausgegeben von Karl Hartmann, 288 S., 148 Zeichnungen, geb. **DM 16,80**/S 139.–

Die besten Witze und Cartoons des Jahres 3
(0524) Herausgegeben von Karl Hartmann, 288 S., 105 Zeichnungen, Pappband. **DM 16,80**/S 139.–

Die besten Witze und Cartoons des Jahres 4
(0579) Herausgegeben von Karl Hartmann, 288 S., 140 Zeichnungen, Pappband. **DM 16,80**/S 139.–

Die besten Witze und Cartoons des Jahres 5
(0642) Herausgegeben von Karl Hartmann, 288 S., 88 Zeichnungen, Pappband. **DM 16,80**/S 139.–

Das Superbuch der Witze
(4146) Von B. Bornheim, 504 S., 54 Cartoons, Pappband. **DM 15,–**/S 120.–

Die besten Beamtenwitze
(0574) Herausgegeben von Waltraud Pröve, 112 S., 61 Cartoons, kart. **DM 5,80**/S 49.–

Die besten Kalauer
(0705) Von Klaus Frank, 112 S., 12 Zeichnungen, kart., **DM 5,80**/S 49.–

Robert Lembkes Witzauslese
(0325) Von Robert Lembke, 160 S., mit 10 Zeichnungen von E. Köhler, gebunden. **DM 14,80**/S 119.–

Fred Metzlers Witze mit Pfiff
(0368) Von Fred Metzler, 120 S., kart. **DM 6,80**/S 59.–

O frivol ist mir am Abend
Pikante Witze von Fred Metzler. (0388) Von Fred Metzler, 128 S., mit Karikaturen, kart. **DM 5,80**/S 49.–

Herrenwitze
(0589) Von Georg Wilhelm, 112 S., 30 Zeichnungen, kart. **DM 5,80**/S 49.–

Witze am laufenden Band
(0461) Von Fips Asmussen, 118 S., kart. **DM 6,80**/S 59.–

Horror zum Totlachen
Gruselwitze
(0536) Von Franz Lautenschläger, 96 S., 44 Zeichnungen, kart. **DM 5,80**/S 49.–

Die besten Ostfriesenwitze
(0495) Herausgegeben von Onno Freese, 112 S., 17 Zeichnungen, kart. **DM 5,80**/S 49.–

Olympische Witze
Sportlerwitze in Wort und Bild. (0505) Von Wolfgang Willnat, 112 S., 126 Zeichnungen, kart. **DM 5,80**/S 49.–

Ich lach mit kaputt! Die besten Kinderwitze
(0545) Von Erwin Hannemann, 128 S., 15 Zeichnungen, kart. **DM 5,80**/S 49.–

Lach mit !
Witze für Kinder, gesammelt von Kindern. (0468) 128 S., 17 Zeichnungen, kart. **DM 6,80**/S 59.–

Die besten Kinderwitze
(0757) Von Klaus Rank, 120 S., 28 Zeichnungen, kart. **DM 6,80**/S 59.–

Lustige Sketche für Jungen und Mädchen
(0669) Von Ursula Lietz und Ulrike Lange, 104 S., kart. **DM 7,80**/S 69.–

Natur

Faszination Berg
zwischen Alpen und Himalaya. (4214) Von Toni Hiebeler, 96 S., 100 großformatige Farbfotos, Pappband. **DM 24,80**/S 198.–

Hilfe für den Wald
Ursachen, Schadbilder, Hilfsprogramme. Was jeder wissen muß, um unser wichtigstes Öko-System zu retten. (4164) Von K.F. Wentzel, R. Zundel, 128 S., 178 Farb- u. 6 s/w-Fotos, 60 Zeichnungen, kart. **DM 19,80** /S 159.–

Gefährdete und geschützte Pflanzen
erkennen und benennen. (0596) Von Wieland Schnedler und Karl Wolfstetter. 160 S., 140 Farbfotos, 4 Zeichnungen, kart. **DM 19,80**/S 159.–

Beeren und Waldfrüchte
erkennen und benennen, eßbar oder giftig? (0401) Von Jörg Raithelhuber, 120 S., 94 Farbfotos, kart. **DM 16,80**/S 139.–

Bäume und Sträucher
erkennen und benennen. (0509) Von Jörg Raithelhuber, 116 S., 108 Farbfotos, kart. **DM 16,80**/S 139.–

Pilze
erkennen und benennen. (0380) Von Jörg Raithelhuber, 136 S., 110 Farbfotos, kart. **DM 14,80**/S 119.–

FALKEN VERLAG

Die Preise entsprechen dem Status beim Druck dieses

Falken-Handbuch **Pilze**
Mit über 250 Farbfotos und Rezepten. (4061) Von Martin Knoop, 276 S., 250 Farbfotos, 28 Zeichnungen, gebunden. **DM 39.–**/S 319.–

Falken-Handbuch
Der Garten
Das moderne illustrierte Standardwerk. (4044) Von Gerhard Bambach, unter Mitarbeit von U. Kaiser, W. Velte und J. Zech, 770 S., 40 Farbtafeln, 77 Farbfotos, 787 s/w-Fotos, 147 Zeichnungen, gebunden. **DM 49.–**/S 398.–

Das Gartenjahr
Arbeitsplan für draußen und drinnen. (4075) Von Gerhard Bambach, 152 S., 16 Farbtafeln, viele Abb., kart. **DM 14,80**/S 119.–

Gartenteiche und Wasserspiele
planen, anlegen und pflegen. (4083) Von Horst R. Sikora, 160 S., 16 Farbtafeln, über 100 Skizzen und Abb., Pappband. **DM 29,80**/S 239.–

Gärtnern
(5004) Von Inge Manz, 64 S., 38 Farbfotos, Pappband. **DM 12,80**/S 99.–

Gärtner Gustavs Gartenkalender
Arbeitspläne · Pflanzenporträts · Gartenlexikon. (4155) Von Gustav Schoser, 120 S., 146 Farbfotos, 13 Tabellen, 203 farbige Zeichnungen, Pappband. **DM 24,80**/S 198.–

Ziersträucher und -bäume im Garten
(5071) Von Inge Manz, 64 S., 91 Farbfotos, Pappband. **DM 12,80**/S 99.–

Das Blumenjahr
Arbeitsplan für drinnen und draußen. (4142) Von Gabriele Vocke, 136 S., 15 Farbtafeln, kart. **DM 14,80**/S 119.–

Der richtige Schnitt von Obst- und Ziergehölzen, Rosen und Hecken
(0619) Von Erich Zettl, 88 S., 8 Farbtafeln, 39 Zeichnungen, 21 s/w-Fotos, kart. **DM 7,80**/S 69.–

Unkraut im Garten
erkennen und erfolgreich bekämpfen. (0637) Von Friedrich und Heidrun Jantzen, 144 S., 190 Farbfotos, kart. **DM 16,80**/S 139.–

Blumenpracht im Garten
(5014) Von Inge Manz, 64 S., 93 Farbfotos, Pappband. **DM 12,80**/S 99.–

Rosen
Arten – Pflanzung – Pflege. (5065) Von Inge Manz, 64 S., 60 Farbfotos, Pappband. **DM 12,80**/S 99.–

Vom betörenden Zauber der **Rosen**
(2206) Von Helmut Steinhauer, 80 S., 89 Farbfotos und Zeichnungen, Pappband. **DM 9,80**/S 85.–

Blütenpracht in Haus und Garten
(4145) Von Martin Haberer u. a., 352 S., 1012 Farbfotos, Pappband. **DM 39.–**/S 319.–

Das bunte Blütenparadies der **Blumen**
(2219) Von Beate Zeidelhack, 80 S., 72 Farbabbildungen, Pappband. **DM 9,80**/S 85.–

Sag's mit Blumen
Pflege und Arrangieren von Schnittblumen. (5103) Von Peter Möhring, 64 S., 68 Farbfotos, 2 s/w-Fotos, Pappband. **DM 12,80**/S 99.–

Grabgestaltung
Bepflanzung und Pflege zu jeder Jahreszeit. (5120) Von Nikolaus Uhl, 64 S., 77 Farbfotos, 2 Zeichnungen, Pappband. **DM 14,80**/S 119.–

Leben im Naturgarten
Der Biogärtner und seine gesunde Umwelt. (4124) Von Norbert Jorek, 136 S., 68 s/w-Fotos, kart. **DM 14,80**/S 119.–

So wird mein Garten zum Biogarten
Alles über die Umstellung auf naturgemäßen Anbau. (0706) Von Ingrid Gabriel, 128 S., durchgehend 4farbig, 73 Farbfotos und Zeichnungen, kart. **DM 14,80**/S 119.–

Gesunde Pflanzen im Biogarten
Biologische Maßnahmen bei Schädlingsbefall und Pflanzenkrankheiten. (0707) Von Ingrid Gabriel, 128 S., durchgehend 4farbig, 73 Farbfotos und Zeichnungen, kart. **DM 14,80**/S 119.–

Der Biogarten unter Glas und Folie
Ganzjährig erfolgreich ernten. (0722) Von Ingrid Gabriel, 128 S., durchgehend vierfarbig, 58 Fotos, 39 Zeichn., kart. **DM 14,80**/S 119.–

Neuanlage eines Biogartens
Planung, Bodenvorbereitung, Gestaltung (0721) Von Ingrid Gabriel, 128 S., durchgehend vierfarb., 73 Farbfotos, 35 Zeichnungen, kart. **DM 14,80**/S 119.–

Das Bio-Gartenjahr
Arbeitsplan für naturgemäßes Gärtnern. (4169) Von Norbert Jorek, 128 S., 8 Farbtafeln, 70 s/w-Abb., kart. **DM 14,80**/S 119.–

Selbstversorgung aus dem eigenen Anbau
Reichen Erntesegen verwerten und haltbar machen. (4183) Von M. Bustorf-Hirsch, M. Hirsch, 216 S., 270 Zeichnungen, kart. **DM 19,80**/S 159.–
(4182) Pappband. **DM 29,80**/S 239.–

Mischkultur im Nutzgarten
Mit Jahreskalender und Anbauplänen. (0651) Von Helmut Oppel, 112 S., 8 Farbtafeln, 23s/w-Fotos, 29 Zeichnungen, kart. **DM 9,80**/S 79.–

Erfolgstips für den Gemüsegarten
Mit naturgemäßem Anbau zu höherem Ertrag. (0674) Von Franz Mühl, 80 S., 30 s/w-Fotos, 4 Zeichnungen, kart. **DM 7,80**/S 69.–

Der Obstgarten
Pflanzung · Pflege · Baumschnitt · Neuheiten. (5100) Von Joachim Zech, 64 S., 54 Farbfotos, Pappband. **DM 12,80**/S 99.–

Gemüse, Kräuter, Obst aus dem Balkongarten
– Erfolgreich ernten auf kleinstem Raum. (0694) Von Siegfried Stein, 32 S., 34 Farbfotos, 5 Zeichnungen, Spiralbindung, kart., **DM 7,80**/S 69.–

Keime, Sprossen, Küchenkräuter
am Fenster ziehen – rund ums Jahr. (0658) Von Friedrich und Heidrun Jantzen, 32 S., 55 Farbfotos, Spiralbindung, kart. **DM 6,80**/S 59.–

Balkons in Blütenpracht
zu allen Jahreszeiten. (5047) Von Nikolaus Uhl, 64 S., 82 Farbfotos, Pappband. **DM 12,80**/S 99.–

Kübelpflanzen
für Balkon, Terrasse und Dachgarten. (5132) Von Martin Haberer, 64 S., 70 Farbfotos, Pappband. **DM 14,80**/S 119.–

Kletterpflanzen
Rankende Begrünung für Fassade, Balkon und Garten. (5140) Von Martin Haberer, 64 S., 70 Farbabb., 2 Zeichnungen, Pappband. **DM 12,80**/S 99.–

Mein Kräutergarten rund ums Jahr
Täglich schnittfrisch und gesund würzen. (4192) Von Prof. Dr. Gernot Lysek, 136 S., 15 Farbtafeln, 91 Zeichnungen, kart. **DM 16,80**/S 139.–

Blühende Zimmerpflanzen
(5010) Von Rolf Blaich, 64 S., 107 Farbfotos, Pappband. **DM 12,80**/S 99.–

Falken-Handbuch **Zimmerpflanzen**
1600 Pflanzenporträts. (4082) Von Rolf Blaich, 432 S., 480 Farbfotos, 84 Zeichnungen, 1600 Pflanzenbeschreibungen, geb. **DM 39.–**/S 319.–

Blütenpracht in Grolit 2000
Der neue, mühelose Weg zu farbenprächtigen Zimmerpflanzen. (5127) Von Gabriele Vocke, 64 S., 50 Farbfotos, Pappband. **DM 12,80**/S 99.–

Bonsai
Japanische Miniaturbäume und Miniaturlandschaften. Anzucht, Gestaltung und Pflege. (4091) Von Benedikt Lesniewicz, 160 S., 106 Farbfotos, 46 s/w-Fotos, 115 Zeichnungen, geb. **DM 68.–**/S 549.–

Zimmerbäume, Palmen und andere Blattpflanzen
(5111) Von Gustav Schoser, 96 S., 98 Farbfotos, 7 Zeichnungen, Pappband. **DM 19,80**/S 159.–

Biologisch zimmergärtnern
Zier- und Nutzpflanzen natürlich pflegen. (4144) Von Norbert Jorek, 152 S., 15 Farbtafeln, 120 s/w-Fotos, Pappband. **DM 19,80**/S 159.–

Hydrokultur
Pflanzen ohne Erde – mühelos gepflegt. (4080) Von Hans-August Rotter, 120 S., 67 farbige und s/w-Abb. sowie Zeichnungen, geb. **DM 19,80**/S 159.–

Zimmerpflanzen in Hydrokultur
Leitfaden für problemlose Blumenpflege. (0660) Von Hans-August Rotter, 32 S., 76 Farbfotos, 8 farbige Zeichnungen, Spiralbindung, kart. **DM 6,80**/S 59.–

Sukkulenten
Mittagsblumen, Lebende Steine, Wolfsmilchgewächs u. a. (5070) Von Werner Hoffmann, 64 S., 82 Farbfotos, Pappband. **DM 12,80**/S 99.–

Kakteen und andere Sukkulenten
300 Arten mit über 500 Farbfotos.
(4116) Von Günter Andersohn, 316 S., 520 Farbtafeln, 193 Zeichnungen, geb.
DM 49,–/S 398.–

Fibel für Kakteenfreunde
(0199) Von H. Herold, 102 S., 23 Farbfotos, kart. **DM 7,80**/S 69.–

Kakteen
Herkunft, Anzucht, Pflege, Klimabedingungen.
(5021) Von Werner Hoffmann, 64 S., 70 Farbfotos, Pappband.
DM 14,80/S 119.–

Faszinierende Formen und Farben
Kakteen
(4211) Von Katharina und Franz Schild, 96 S., 127 großformatige Farbfotos, Pappband. **DM 24,80**/S 198.–

Orchideen
(4231) Von Gustav Schoser, 144 S., 300 großformatige Farbfotos, Pappband.
DM 29,80/S 239.–

Bauernregeln
Wenn die Schwalben niedrig fliegen
(2208) Von G. Haddenbach, 80 S., 52 Farbfotos und Zeichnungen, Pappband. **DM 9,80**/S 85.–

Falken-Handbuch **Katzen**
(4158) Von B. Gerber, 176 S., 294 Farb- und 88 s/w-Fotos, Pappband.
DM 39,–/S 319.–

Katzen
Rassen · Haltung · Pflege. (4216) Von Brigitte Eilert-Overbeck, 96 S., 82 großformatige Farbfotos, Pappband.
DM 24,80/S 198.–

Das neue Katzenbuch
Rassen – Aufzucht – Pflege. (0427) Von Brigitte Eilert-Overbeck, 136 S., 14 Farbfotos, 26 s/w-Fotos, kart.
DM 8,80/S 74.–

Lieblinge auf Samtpfötchen **Katzen**
(2202) Von Brigitte Eilert-Overbeck, 80 S., 53 Farbfotos, 5 s/w-Fotos, Pappband. **DM 9,80**/S 85.–

Katzenkrankheiten
Erkennung und Behandlung. (0652) Von Dr. med. vet. Rolf Spangenberg, 176 S., 64 s/w-Fotos, 4 Zeichnungen, kart.
DM 9,80/S 79.–

Hunde
Die treuen Freunde des Menschen
(2207) Von Rolf Spangenberg, 80 S., 49 Farbfotos und Zeichnungen, Pappband. **DM 9,80**/S 85.–

Falken-Handbuch **Hunde**
(4118) Von Horst Bielfeld, 176 S., 222 Farbfotos und Farbzeichnungen, 73 s/w-Abb., geb.
DM 39,–/S 319.–

Hunde
Rassen · Erziehung · Haltung.
(4209) Von Horst Bielfeld, 96 S., 101 großformatige Farbfotos, Pappband.
DM 24,80/S 198.–

Das neue Hundebuch
Rassen · Aufzucht · Pflege.
(0009) Von Walter Busack, überarbeitet von Dr. med. vet. A. H. Hacker, 104 S., 8 Farbtafeln, kart. **DM 8,80**/S 74.–

Falken-Handbuch
Der Deutsche Schäferhund
(4077) Von Ursula Förster, 228 S., 160 farbige und s/w-Abb. sowie Zeichnungen, geb. **DM 29,80**/S 239.–

Der Deutsche Schäferhund
(0073) Von Alfred Hacker, 104 S., 56 Abb., kart. **DM 7,80**/S 69.–

Dackel, Teckel, Dachshund
Aufzucht · Pflege · Ausbildung.
(0508) Von Marianne Wein-Gysae, 112 S., 4 Farbtafeln, 43 s/w-Fotos, 2 Zeichnungen, kart. **DM 9,80**/S 79.–

Hunde-Ausbildung
Verhalten – Gehorsam – Abrichtung.
(0346) Von Prof. Dr. Rudolphine Menzel, 96 S., 18 Fotos, kart. **DM 7,80**/S 69.–

Hundekrankheiten
Erkennung und Behandlung, Steuerung des Sexualverhaltens. (0570) Von Dr. med. vet. Rolf Spangenberg, 128 S., 68 s/w-Fotos, 10 Zeichnungen, kart.
DM 9,80/S 79.–

Falken-Handbuch **Pferde**
(4186) Von Heidrun Werner, 176 S., 196 Farb- und 50 s/w-Fotos, 100 Zeichnungen, Pappband. **DM 48,–**/S 89.–

Ponys
Rassen, Haltung, Reiten. (4205) Von Stefan Braun, 96 S., 84 großformatige Farbfotos, Pappband.
DM 24,80/S 198.–

Insekten Mitteleuropas
erkennen und benennen. (0588) Von Helmut Bechtel, 144 S., 129 Farbfotos, 18 Zeichnungen, kart. **DM 16,80**/S 139.–

Schmetterlinge
Tagfalter Mitteleuropas erkennen und benennen. (0510) Von Thomas Ruckstuhl, 156 S., 136 Farbfotos, kart.
DM 16,80/S 139.–

Wellensittiche
Arten · Haltung · Pflege · Sprechunterricht · Zucht. (5136) Von Horst Bielfeld, 64 S., 59 Farbfotos, Pappband.
DM 12,80/S 99.–

Papageien und Sittiche
Arten · Pflege · Sprechunterricht.
(0591) Von Horst Bielfeld, 112 S., 8 Farbtafeln, kart. **DM 9,80**/S 79.–

Geflügelhaltung als Hobby
(0749) Von M. Baumeister, H. Meyer, 184 S., 8 Farbtafeln, kart.
DM 16,80/S 139.–

Falken-Handbuch **Das Terrarium**
(4069) Von Burkhard Kahl, Paul Gaupp, Dr. Günter Schmidt, 336 S., 215 Farbfotos, geb. **DM 58,–**/S 460.–

Aquarienfische
des tropischen Süßwassers. (5003) Von Hans J. Mayland, 64 S., 98 Farbfotos, Pappband. **DM 12,80**/S 99.–

Das Süßwasser-Aquarium
Einrichtung – Pflege – Fische – Pflanzen.
(0153) Von Hans J. Mayland, 132 S., 163 Zeichnungen, 8 Farbtafeln, kart.
DM 12,80/S 99.–

Cichliden
Pflege, Herkunft und Nachzucht der wichtigsten Buntbarscharten
(5144) Von J. in't Veen, 96 S., 163 Farbfotos, Pbd. **DM 19,80**/S 159.–

Gesundheit

Die Frau als Hausärztin
Der unentbehrliche Ratgeber für die Gesundheit.
(4072) Von Dr. med. Anna Fischer-Dückelmann, 808 S., 14 Farbtafeln, 146 s/w-Fotos, 203 Zeichnungen, Pappband. **DM 29,80**/S 239.–

Heiltees und Kräuter für die Gesundheit
(4123) Von Gerhard Leibold, 136 S., 15 Farbtafeln, 16 Zeichnungen, kart.
DM 14,80/S 119.–

Natur-Apotheke
Gesundheit durch altbewährte Kräuterrezepte und Hausmittel.
(4156) Von Gerhard Leibold, 236 S., 105 Zeichnungen, kart.
DM 19,80/S 159.–
(4157) Pappband. **DM 29,80**/S 239.–

Falken-Handbuch **Heilkräuter**
Modernes Lexikon der Pflanzen und Anwendungen (4076) Von Gerhard Leibold, 392 S., 183 Farbfotos, geb.
DM 39,–/S 319.–

Die farbige Kräuterfibel
(0245) Von Ingrid Gabriel, 196 S., 49 farbige und 97 s/w-Abb., Pappband.
DM 14,80/S 119.–

Arzneikräuter und Wildgemüse
erkennen und benennen. (0459) Von Jörg Raithelhuber, 144 S., 108 Farbfotos, kart. **DM 16,80**/S 139.–

Falken-Handbuch **Bio-Medizin**
Alles über die moderne Naturheilpraxis.
(4136) Von Gerhard Leibold, 552 S., 16 Farbtafeln, Pappband.
DM 39,–/S 319.–

Gesund bleiben – gesund werden durch Enzyme
(0677) Von Gerhard Leibold, 96 S., kart.
DM 9,80/S 79.–

Gesund bleiben – gesund werden durch Heilfasten
(0713) Von Gerhard Leibold, 108 S., kart.
DM 9,80/S 79.–

So lebt man länger nach Dr. Le Comptes Erfolgsmethode!
Vital und gesund bis ins hohe Alter.
(4129) Von Dr. Herman Le Compte, Pia Pervenche, 224 S., geb.
DM 24,80/S 198.–

Gesundheit und Spannkraft durch Yoga
(0321) Von Lothar Frank und Ursula Ebbers, 112 S., 50 s/w-Fotos, kart.
DM 7,80/S 69.–

Yoga für jeden
(0341) Von Kareen Zebroff, 156 S., 135 Abb., kart. **DM 20,–**/S 160.–

Yoga gegen Haltungsschäden und Rückenschmerzen
(0394) Von Alois Raab, 104 S., 215 Abb., kart. **DM 6,80**/S 59.–

Hypnose und Autosuggestion
Methoden – Heilwirkungen – praktische Beispiele. (0483) Von Gerhard Leibold, 116 S., kart. **DM 7,80**/S 69.–

Autogenes Training
Anwendung · Heilwirkungen · Methoden.
(0541) Von Rolf Faller, 128 S., 3 Zeichnungen, kart. **DM 9,80**/S 79.–

FALKEN VERLAG

Die Preise entsprechen dem Status beim Druck dieses

Die fernöstliche Fingerdrucktherapie Shiatsu
Anleitungen zur Selbsthilfe – Heilwirkungen. (0615) Von Gerhard Leibold, 196 S., 180 Abb., kart.
DM 16,80/S 139.–

Eigenbehandlung durch Akupressur
Heilwirkungen – Energielehre – Meridiane. (0417) Von Gerhard Leibold, 152 S., 78 Abb., kart. **DM 9,80**/S 79.–

Aktiv Yoga
(0709) Von Karen Zebroff, 112 S., 102 Farbfotos, Spiralbindung, kart.
DM 14,80/S 119.–

10 Minuten täglich Tele-Gymnastik
(5102) Von Beate Manz und Kafi Biermann, 128 S., 381 Abb., kart.
DM 12,80/S 99.–

Gesund und fit durch Gymnastik
(0366) Von Hannelore Pilss-Samek, 132 S., 150 Abb., kart. **DM 7,80**/S 69.–

Stretching
Mit Dehnungsgymnastik zu Entspannung, Geschmeidigkeit und Wohlbefinden. (0717) Von Hans Schulz, 80 S., 90 s/w-Fotos, kart.
DM 7,80/S 69.–

Schönheitspflege
Kosmetische Tips für jeden Tag. (0493) Von Heide Zander, 180 S., 25 Abb., kart.
DM 7,80/S 69.–

Tanz und Spiele für Bewegungsbehinderte
Ein Anfängerkurs für alle, die mitmachen wollen. Empfohlen vom Bundesverband für Tanztherapie e.V. (0581) Von Wally Kaechele, 96 S., 105 s/w-Fotos, 9 Zeichnungen, Spiralbindung.
DM 19,80/S 159.–

Bildatlas des menschlichen Körpers
(4177) Von G. Pogliani u. V. Vannini, 112 S., über 450 Farbabb., Pappband.
DM 29,80/S 239.–

Fußmassage
Reflexzonentherapie am Fuß (0714) Von Gerhard Leibold, 96 S., 38 Zeichnungen, kart. **DM 9,80**/S 79.–

Rheuma und Gicht
Krankheitsbilder, Behandlung, Therapieverfahren, Selbstbehandlung, richtige Lebensführung und Ernährung (0712) Von Dr. J. Höder, J. Bandick, 104 S., kart. **DM 9,80**/S 79.–

Krampfadern
Ursachen, Vorbeugung, Selbstbehandlung, Therapieverfahren (0727) Von Dr. med. Kurt Steffens, 96 S., 38 Abb., kart. **DM 9,80**/S 79.–

Gallenleiden
Krankheitsbilder, Behandlung, Therapieverfahren, Selbstbehandlung, Richtige Lebensführung und Ernährung. (0673) Von Dr. med. Kurt Steffens, 104 S., 34 Zeichnungen, kart.
DM 9,80/S 79.–

Asthma
(0778) Von Prof. Dr. med. W. Schmidt, 120 S., 56 Zeichnungen, kart.
DM 9,80/S 79.–

Vitamine und Ballaststoffe
So ermittle ich meinen täglichen Bedarf (0746) Von Prof. Dr. M. Wagner, I. Bongartz, 96 S., 6 Farbabbildungen, zahlreiche Tabellen, kart.
DM 9,80/S 79.–

Ratgeber, Lebenshilfe

Umgangsformen heute
Die Empfehlungen des Fachausschusses für Umgangsformen. (4015) 282 S., 160 s/w-Fotos, 25 Zeichnungen, geb.
DM 29,80/S 239.–

Der Gute Ton
Ein moderner Knigge. (0063) Von Irmgard Wolter, 168 S., 38 Zeichnungen, kart. **DM 9,80**/S 79.–

Tischkarten und Tischdekorationen
(5063) Von Gabriele Vocke, 64 S., 79 Farbfotos, Pappband.
DM 12,80/S 99.–

Haushaltstips von A bis Z
(0759) Von Angelika Eder, 80 S., 30 Zeichnungen, kart.
DM 7,80/S 69.–

Wir heiraten
Ratgeber zur Vorbereitung und Festgestaltung der Verlobung und Hochzeit. (4188) Von Christel Poensgen, 216 S., 70 Fotos, 8 Farbtafeln, Pappband.
DM 19,80/S 159.–

Kleines Dankeschön für die charmante **Gastgeberin**
(2218) Von Sybil Gräfin Schönfeld, 80 S., 46 Farbabbildungen, Pappband.
DM 9,80/S 85.–

Die Kunst der freien Rede
Ein Intensivkurs mit vielen Übungen, Beispielen und Lösungen. (4189) Von Gundula Hirsch, 232 S., 11 Zeichnungen, Pappband.
DM 29,80/S 239.–

Reden zur Taufe, Kommunion und Konfirmation
(0751) Von Günter Georg, 96 S., kart.
DM 6,80/S 59.–

Der richtige Brief zu jedem Anlaß
Das moderne Handbuch mit 400 Musterbriefen für Privat- und Geschäftsleben. (4179) Von Hans Kirst, 376 S., Pappband. **DM 26,80**/S 218.–

Von der Verlobung zur Goldenen Hochzeit
Vorbereitung · Festgestaltung · Glückwünsche. (0393) Von Elisabeth Ruge, 120 S., kart. **DM 6,80**/S 59.–

Reden zur Hochzeit
Musteransprachen für Hochzeitstage. (0654) Von Günter Georg, 112 S., kart.
DM 6,80/S 59.–

Glückwünsche, Toasts und Festreden zur Hochzeit.
(0264) Von Irmgard Wolter, 128 S., kart.
DM 7,80/S 69.–

Hochzeits- und Bierzeitungen
Muster, Tips und Anregungen. (0288) Von Hans-Jürgen Winkler, mit vielen Text- und Gestaltungsanregungen, 116 S., 15 Abb., 1 Musterzeitung, kart.
DM 6,80/S 59.–

Kindergedichte zur Grünen, Silbernen und Goldenen Hochzeit
(0318) Von Hans-Jürgen Winkler, 104 S., 20 Abb., kart. **DM 5,80**/S 49.–

Die Silberhochzeit
Vorbereitung · Einladung · Geschenkvorschläge · Festablauf · Menüs · Reden · Glückwünsche. (0542) Von Karin F. Merkle, 120 S., 41 Zeichnungen, kart.
DM 9,80/S 79.–

Großes Buch der Glückwünsche
(0255) Herausgegeben von Olaf Fuhrmann, 240 S., 77 Zeichnungen und viele Gestaltungsvorschläge, kart.
DM 9,80/S 79.–

Neue Glückwunschfibel
für Groß und Klein. (0156) Von Renée Christian-Hildebrandt, 96 S., kart.
DM 4,80/S 39.–

Glückwunschverse für Kinder
(0277) Von Bettina Ulrici, 80 S., kart.
DM 5,80/S 49.–

Die Redekunst · Rhetorik · Rednererfolg
(0076) Von Kurt Wolter, überarbeitet von Dr. W. Tappe, 80 S., kart.
DM 4,80/S 39.–

Reden und Ansprachen
für jeden Anlaß. (4009) Herausgegeben von Frank Sicker, 454 S., geb.
DM 39,–/S 319.–

Reden zum Jubiläum
Musteransprachen für viele Gelegenheiten (0595) Von Günter Georg, 112 S., kart. **DM 6,80**/S 59.–

Reden und Sprüche zu Grundsteinlegung, Richtfest und Einzug
Musteransprachen für viele Gelegenheiten. (0598) Von Albert Bruder, Günter Georg, 96 S., kart.
DM 6,80/S 59.–

Reden zu Familienfesten
Musteransprachen für viele Gelegenheiten. (0675) Von Günter Georg, 108 S., kart. **DM 6,80**/S 59.–

Festreden und Vereinsreden
Ansprachen für festliche Gelegenheiten. (0069) Von Karl Lehnhoff und Elisabeth Ruge, 88 S., kart. **DM 5,80**/S 49.–

Reden im Verein
Musteransprachen für viele Gelegenheiten. (0703) Von Günter Georg, 112 S., kart., **DM 6,80**/S 59.–

Trinksprüche, Richtsprüche, Gästebuchverse
(0224) Von Dieter Kellermann, 80 S., kart. **DM 5,80**/S 49.–

Ins Gästebuch geschrieben
(0576) Von Kurt H. Trabeck, 96 S., 24 Zeichnungen, kart. **DM 7,80**/S 69.–

Poesiealbumverse
Heiteres und Besinnliches. (0578) Von Anne Göttling, 112 S., 20 Abb., Pappband. **DM 14,80**/S 119.–

FALKEN VERLAG

Verse fürs Poesiealbum
(0241) Von Irmgard Wolter, 96 S., 20 Abb., kart. **DM 5,80**/S 49.–

Rosen, Tulpen, Nelken . . .
Beliebte Verse fürs Poesiealbum
(0431) Von Waltraud Pröve, 96 S., mit Faksimile-Abb., kart. **DM 5,80**/S 49.–

Der Verseschmied
Kleiner Leitfaden für Hobbydichter. Mit Reimlexikon. (0597) Von Theodor Parisius, 96 S., 28 Zeichnungen, kart. **DM 7,80** /S 69.–

Moderne Korrespondenz
(4014) Von Hans Kirst und Wolfgang Manekeller, 568 S., gebunden. **DM 39,–** /S 319.–

Der neue Briefsteller
(0060) Von Irmgard Wolter-Rosendorf, 112 S., kart. **DM 5,80** /S 49.–

Geschäftliche Briefe
des Privatmanns, Handwerkers und Kaufmanns. (0041) Von Alfred Römer, 96 S., kart. **DM 6,80** /S 59.–

Behördenkorrespondenz
Musterbriefe – Anträge – Einsprüche. (0412) Von Elisabeth Ruge, 120 S., kart. **DM 6,80** /S 59.–

Musterbriefe
für alle Gelegenheiten. (0231) Herausgegeben von Olaf Fuhrmann, 240 S., kart. **DM 9,80** /S 79.–

Privatbriefe
Muster für alle Gelegenheiten. (0114) Von Irmgard Wolter-Rosendorf, 132 S., kart. **DM 6,80** /S 59.–

Erfolgstips für den Schriftverkehr
Briefwechsel leicht gemacht durch einfachen Stil und klaren Ausdruck (0678) Von Joachim Werbellin, 120 S., kart. **DM 8,80** /S 74.–

Worte und Briefe der Anteilnahme
(0464) Von Elisabeth Ruge, 128 S., mit vielen Abbildungen, kart. **DM 9,80** /S 79.–

Lebenslauf und Bewerbung
Beispiele für Inhalt, Form und Aufbau. (0428) Von Hans Friedrich, 112 S., kart. **DM 6,80** /S 59.–

Erfolgreiche Bewerbungsbriefe
und Bewerbungsformen. (0138) Von Wolfgang Manekeller, 88 S., kart. **DM 5,80** /S 49.–

Die erfolgreiche Bewerbung
Bewerbung und Vorstellung. (0173) Von Wolfgang Manekeller, 156 S., kart. **DM 9,80** /S 79.–

Die Bewerbung
Der moderne Ratgeber für Bewerbungsbriefe, Lebenslauf und Vorstellungsgespräche. (4138) Von Wolfgang Manekeller, 264 S., Pappband. **DM 19,80** /S 159.–

Vorstellungsgespräche
sicher und erfolgreich führen. (0636) Von Hans Friedrich, 144 S., kart. **DM 9,80** /S 79.–

Zeugnisse im Beruf
richtig schreiben, richtig verstehen. (0544) Von Hans Friedrich, 112 S., kart. **DM 9,80** /S 79.–

Lob und Würdigung in Briefen und Reden.
(0535) Von Hans Friedrich, 136 S., kart. **DM 9,80** /S 79.–

Erfolgreiche Kaufmannspraxis
Wirtschaftliche Grundlagen, Geld, Kreditwesen, Steuern, Betriebsführung, Recht, EDV. (4046) Von W. Göhler, H. Gölz, M. Heibel, Dr. D. Machenheimer, mit einem Vorwort von Dr. K. Obermayr, 544 S., geb. **DM 34,–** /S 272.–

Der Rechtsberater im Haus
(4048) Von Karl-Heinz Hofmeister, 528 S., geb. **DM 39,–** /S 319.–

Arbeitsrecht
Praktischer Ratgeber für Arbeitnehmer und Arbeitgeber, (0594) Von Johannes Beuthner, 192 S., kart. **DM 16,80** /S 139.–

Mietrecht
Leitfaden für Mieter und Vermieter. (0479) Von Johannes Beuthner, 196 S., kart. **DM 14,80** /S 119.–

Familienrecht
(4190) Von T. Drewes, R. Hollender, 368 S., Pappband. **DM 29,80** /S 239.–

Scheidung und Unterhalt
nach dem neuen Eherecht. (0403) Von Rechtsanwalt Hans T. Drewes, 109 S., mit Kosten- und Unterhaltstabellen, kart. **DM 7,80** /S 69.–

Testament und Erbschaft
Erbfolge, Rechte und Pflichten der Erben, Erbschafts- und Schenkungssteuer, Muster für Testamente. (4139) Von Theodor Drewes und Rainer Hollender, 352 S., Pappband. **DM 26,80** /S 218.–

Erbrecht und Testament
Mit Erläuterungen des Erbschaftssteuergesetzes von 1974. (0046) Von Dr. jur. Hanns Wandrey, 124 S., kart. **DM 6,80** /S 59.–

Antiquitäten-(Ver)führer
Stilkunde – Wert – Echtheitsbestimmung. (5057) Von Margot Lutze, 128 S., 191 Farbfotos, Pappband. **DM 19,80** /S 159.–

Das neue Wörterbuch der deutschen Gegenwartssprache
(4163) Von F. Hübner, 480 S., Pappband, **DM 19,80** /S 159.–

Endlich 18 und nun?
Rechte und Pflichten mit der Volljährigkeit. (0646) Von Richard Rathgeber, 224 S., 27 Zeichnungen, kart. **DM 14,80** /S 119.–

Was heißt hier minderjährig?
(0765) Von R. Rathgeber, C. Rummel, 148 S., 63 Abbildungen, kart. **DM 14,80** /S 119.–

So finde ich einen Ausbildungsplatz
(0715) Von Hans Friedrich, 136 S., kart., **DM 9,80** /S 79.–

Elternsache Grundschule
(0692) Von K. Meynersen, 324 S., kart., **DM 26,80** /S 218.–

Sexualberatung
(0402) Von Dr. Marianne Röhl, 168 S., 8 Farbtafeln, 17 Zeichnungen, Pappband. **DM 19,80** /S 159.–

Die Kunst des Stillens nach neuesten Erkenntnissen
(0701) Von Prof. Dr. med. E. Schmidt/S. Brunn, 112 S., 20 Fotos und Zeichnungen, kart., **DM 9,80** /S 79.–

Wenn Sie ein Kind bekommen
(4003) Von Ursula Klamroth, Dr. med. H. Oster, 240 S., 86 s/w-Fotos, 30 Zeichnungen, geb. **DM 24,80** /S 198.–

Vorbereitung auf die Geburt
Schwangerschaftsgymnastik, Atmung, Rückbildungsgymnastik. (0251) Von Sabine Buchholz, 112 S., 98 s/w-Fotos, kart. **DM 6,80** /S 59.–

Wie soll es heißen?
(0211) Von D. Köhr, 136 S., kart. **DM 5,80** /S 49.–

Das Babybuch
Pflege · Ernährung · Entwicklung. (0531) Von Annelore Burkert, 136 S., 8 Farbtafeln, 41 s/w-Fotos, kart. **DM 12,80** /S 99.–

Die neue Lebenshilfe **Biorhytmik**
Höhen und Tiefen der persönlichen Lebenskurven vorausberechnen und danach handeln. (0458) Von Walter A. Appel, 157 S., 63 Zeichnungen, Pappband. **DM 9,80** /S 79.–

Energie aus Sonne, Wasser, Wind und Eis
Alles über Wärmedämmung, Wärmepumpen, Sonnendächer und andere Systeme. (0552) Von Volker Petzold, 216 S., 124 Abb., kart. **DM 16,80** /S 139.–

Vom Urkrümel zum Atompilz
Evolution – Ursache und Ausweg aus der Krise. (4181) Von Jürgen Voigt, 188 S., 20 Farb- u. 70 s/w-Fotos, 32 Zeichnungen, kart. **DM 19,80** /S 159.–

Der Sklave Calvisius
Alltag in einer römischen Provinz 150 n. Chr. (4058) Von Alice Ammermann, Tilmann Röhrig, Gerhard Schmidt, 120 S., 99 Farbabb., 47 s/w-Abb., Pappband. **DM 19,80** /S 159.–

ZDF · ORF · DRS
Kompaß Jugend-Lexikon
(4096) Von R. Kerler, J. Blum, 336 S., 766 Farbfotos, 39 s/w-Abb., Pappband. **DM 36,–** /S 288.–

Keine Angst vorm Fliegen
(0463) Von Rudolf Braunburg und Rainer-Joachim Pieritz, 159 S., 15 Farbtafeln, 68 s/w-Fotos, kart. **DM 12,80** /S 99.–

Dinosaurier
und andere Tiere der Urzeit. (4219) Von Gerolf Alschner, 96 S., 81 großformatige Farbzeichnungen, 4 s/w-Fotos, Pappband. **DM 24,80** /S 198.–

Astrologie
Das Orakel der Sterne. (2211) Von B. A. Mertz, 80 S., 42 Farb- u. 15 s/w-Fotos, Pappband. **DM 9,80** /S 85.–

Psycho Tests
– Erkennen Sie sich selbst. (0710) Von Bruce M. Nash, Randolph B. Monchick, 304 S., 81 Zeichnungen, kart., **DM 16,80** /S 139.–

FALKEN VERLAG

Falken-Handbuch **Astrologie**
Charakterkunde · Schicksal · Liebe und Beruf · Berechnung und Deutung von Horoskopen · Aszendenttabelle. (4068) Von Bernd A. Mertz mit einem Geleitwort von Hildegard Knef, 342 S., mit 60 erläuternden Grafiken, geb.
DM 29,80/S 239.–

Selbst Wahrsagen mit Karten
Die Zukunft in Liebe, Beruf und Finanzen. (0404) Von Rhea Koch, 112 S., viele Abb., Pappband. **DM 12,80**/S 99.–

Weissagen, Hellsehen, Kartenlegen ...
Wie jeder die geheimen Kräfte ergründen und für sich nutzen kann. (4153) Von Georg Haddenbach, 192 S., 40 Zeichnungen, Pappband.
DM 16,80/S 139.–

Wahrsagen mit Tarot-Karten
(0482) Von Edwin J. Nigg, 112 S., 4 Farbtafeln, 52 s/w-Fotos, Abb., Pappband. **DM 14,80**/S 119.–

Aztekenhoroskop
Deutung von Liebe und Schicksal nach dem Aztekenkalender. (0543) Von Christa-Maria und Richard Kerler, 160 S., 20 Zeichnungen, Pappband.
DM 9,80/S 79.–

Was sagt uns das Horoskop?
Praktische Einführung in die Astrologie. (0655) Von Bernd A. Mertz, 176 S., kart.
DM 9,80/S 79.–

Das Super-Horoskop
(0465) Von Georg Haddenbach, 175 S., Pappband. **DM 9,80**/S 79.–

Liebeshoroskop für die 12 Sternzeichen
Alles über Chancen, Beziehungen, Erotik, Zärtlichkeit, Leidenschaft. (0587) Von Georg Haddenbach, 144 S., 12 Zeichnungen, geb.
DM 7,80/S 69.–

Die 12 Sternzeichen
Charakter, Liebe und Schicksal. (0385) Von Georg Haddenbach, 160 S., Pappband. **DM 12,80**/S 99.–

Die 12 Sternzeichen im chinesischen Horoskop
(0423) Von Georg Haddenbach, 128 S., Pappband. **DM 9,80**/S 79.–

Sternstunden
für Liebe, Glück und Geld, Berufserfolg und Gesundheit. Das ganz persönliche Mitbringsel für Widder (0621), Stier (0622), Zwillingen (0623), Krebs (0624), Löwe (0625), Jungfrau (0626), Waage (0627), Skorpion (0628), Schütze (0629), Steinbock (0630), Wassermann (0631), Fische (0632) Von Leo Cancer, 62 S., durchgehend farbig, Zeichnungen, Pappband. **DM 5,–**/S 39.–

So deutet man Träume
Die Bildersprache des Unbewußten. (0444) Von Georg Haddenbach, 160 S., Pappband. **DM 9,80**/S 79.–

Die Familie im Horoskop
(4161) Von B. A. Mertz, 296 S., 29 Zeichnungen, kart.
DM 19,80/S 159.–

Erkennen Sie Psyche und Charakter durch **Handdeutung**
(4176) Von B. A. Mertz, 252 S., 9 s/w-Fotos, 160 Zeichnungen, Pappband.
DM 36,–/S 298.–

Der Weg zum richtigen Computer
Checklisten und Entscheidungshilfen für Auswahl und Einsatz im Betrieb. (4801) Von W. Bauer, 558 S., Mappe mit Ringmechanik **DM 298,–**/S 2.398.–

Computer Grundwissen
Eine Einführung in Funktion und Einsatzmöglichkeiten. (4302) Von Wolfgang Bauer, 176 Seiten, 193 Farb- und 12 s/w-Fotos, 37 Computergrafiken, kart.
DM 29,80/S 239.–
(4301) Pappband. **DM 39,–**/S 312.–

Einführung in die Programmiersprache BASIC. (4303) Von Susan Curran und Ray Curnow, 192 S., 92 Zeichnungen, Spiralbindung.
DM 19,80/S 159.–

Lernen mit dem Computer. (4304) Von Susan Curran und Ray Curnow, 144 S., 34 Zeichnungen, Spiralbindung.
DM 19,80/S 159.–

Computerspiele, Grafik und Musik
(4305) Von Susan Curran und Ray Curnow, 148 S., 46 Zeichnungen, Spiralbindung. **DM 19,80**/S 159.–

Menschen, Computer und Roboter
(4502) Von Wolfgang Rudolph und Hedda Schatz, 144 Seiten und 8 Farbtafeln, kart. **DM 24,80**/S 198.–

Computer sind überall. (4501) Von Wolfgang Rudolph und Hedda Schatz, 144 S., 120 Abb., kart.
DM 24,80/S 198.–

Invasion der Heimrobotor?
(4503) Von W. Rudolph, H. Schatz, 136 S., 149 Abbildungen, kart.
DM 29,80/S 239.–

dBase III
Einführung für Einsteiger und Nachschlagewerk für Profis.
(4310) Von J. Brehm, G. A. Karl, 312 S., 23 Abbildungen, kart.
DM 58,–/S 460.–

Das Medienpaket
Buch und Programmdiskette „dBase III" zusammen (4312) **DM 98,–**/S 784.–

Lernhilfen

Deutsch für Ausländer im Selbstunterricht

Ausgabe für Italiener
(0254) Von Italo Nadalin und Ernst Richter, 156 S., 62 Zeichnungen, kart.
DM 9,80/S 79.–

Ausgabe für Jugoslawen
(0261) Von I. Hladek und Ernst Richter, 132 S., 62 Zeichnungen, kart.
DM 9,80/S 79.–

Ausgabe für Türken
(0262) Von B. I. Rasch und Ernst Richter, 136 S., 62 Zeichnungen, kart.
DM 9,80/S 79.–

Deutsch – Ihre neue Sprache.
Grundbuch (0327) Von Hans-Jürgen Demetz und Juan Manuel Puente, 204 S., mit über 200 Abb., kart.
DM 14,80/S 119.–

Glossar Italienisch
(0329) Von Hans-Jürgen Demetz und Juan Manuel Puente, 74 S., kart.
DM 9,80/S 79.–

In gleicher Ausstattung:
Glossar Spanisch (0330)
DM 9,80/S 79.–

Glossar Serbokroatisch (0331)
DM 9,80/S 79.–

Glossar Türkisch (0332)
DM 9,80/S 79.–

Glossar Arabisch (0335)
DM 9,80/S 79.–

Glossar Englisch (0336)
DM 9,80/S 79.–

Glossar Französisch (0337)
DM 9,80/S 79.–

Das Deutschbuch
Ein Sprachprogramm für Ausländer, Erwachsene und Jugendliche.
Autorenteam: Juan Manuel Puente, Hans-Jürgen Demetz, Sener Sargut, Marianne Spohner.

Grundbuch Jugendliche
(4915) Von Puente, Demetz, Sargut, Spohner, Hirschberger, Kersten, von Stolzenwaldt, 256 S., durchgehend zweifarbig, kart. **DM 19,80**/S 159.–

Grundbuch Erwachsene
(4901) Von Puente, Demetz, Sargut, Spohner, 292 S., durchgehend zweifarbig, kart. **DM 24,80**/S 198.–

Arbeitsheft
zu Grundbuch Erwachsene und Jugendliche. (4903) Von Puente, Demetz, Sargut, Spohner, 160 S., durchgehend zweifarbig, kart.
DM 16,80/S 139.–

Aufbaukurs
(4902) Von Puente, Sargut, Spohner, 239 S., durchgehend zweifarbig, kart.
DM 22,80/S 182.–

Lehrerhandbuch Grundbuch Erwachsene
(4904) 144 S., kart. **DM 14,80**/S 119.–

Lehrerhandbuch Grundbuch Jugendliche
(4929) 120 S., kart. **DM 14,80**/S 119.–

Lehrerhandbuch Aufbaukurs
(4930) 64 S., kart. **DM 9,80**/S 79.–

Glossare Erwachsene:

Türkisch
(4906) 100 S., kart. **DM 9,80**/S 79.–

Englisch
(4912) 100 S., kart. **DM 9,80**/S 79.–

Französisch
(4911) 104 S., kart. **DM 9,80**/S 79.–

Spanisch
(4909) 98 S., kart. **DM 9,80**/S 79.–

Italienisch
(4908) 100 S., kart. **DM 9,80**/S 79.–

Serbokroatisch
(4914) 100 S., kart. **DM 9,80**/S 79.–

Griechisch
(4907) 102 S., kart. **DM 9,80**/S 79.–

Portugiesisch
(4910) 100 S., kart. **DM 9,80**/S 79.–

Polnisch
(4913) 102 S., kart. **DM 9,80**/S 79.–

Arabisch
(4905) 100 S., kart. **DM 9,80**/S 79.–

Glossare Jugendliche:

Türkisch
(4927) 105 S., kart. **DM 9,80**/S 79.–

Italienisch
(4932) Von Alexandra Baumgartner, 100 S., kart. **DM 9,80**/S 79.–

Spanisch
(4933) Von Margerita Weidemann, 100 S., kart. **DM 9,80**/S 79.–

Serbokroatisch
(4934) Von Milan Vuckovic, 100 S., kart. **DM 9,80**/S 79.–

Griechisch
(4936) Von Dr. Georg Tzounakis, 112 S., kart. **DM 9,80**/S 79.–

Tonband Grundbuch Erwachsene
(4916) Ø 18 cm. **DM 125,–**/S 1.000.–

Tonband Grundbuch Jugendliche
(4917) Ø 18 cm. **DM 125,–**/S 1.000.–

Tonband Aufbaukurs
(4918) Ø 18 cm. **DM 125,–**/S 1.000.–

Tonband Arbeitsheft
(4919) Ø 18 cm. **DM 89,–**/S 712.–

Kassetten Grundbuch Erwachsene
(4920) 2 Stück à 90 Min. Laufzeit. **DM 39,–**/S 319.–

Kassetten Grundbuch Jugendliche
(4921) 2 Stück à 90 Min. Laufzeit. **DM 39,–**/S 319.–

Kassetten Aufbaukurs
(4922) 2 Stück à 90 Min. Laufzeit. **DM 39,–**/S 319.–

Kassette Arbeitsheft
(4923) 60 Min. Laufzeit. **DM 19,80**/S 159.–

Overheadfolie Grundbuch Erwachsene
(4924) 60 Stück. **DM 159,–** /S 1.270.–

Overheadfolien Grundbuch Jugendliche
(4925) 59 Stück. **DM 159,–** /S 1.270.–

Overheadfolien Aufbaukurs
(4931) 54 Stück **DM 159,–** /S 1.270.–

Diapositive Grundbuch Erwachsene
(4926) 300 Stück. **DM 398,–** /S 3.184.–

Bildkarten
zum Grundbuch Jugendliche und Erwachsene. (4928) 200 Stück **DM 159,–** /S 1.270.–

Arbeitshefte für ausländische Jugendliche in der Berufsvorbereitung
Fachsprache im projektorientierten/ fachübergreifenden Unterricht Metall 1
(4937) Von Sener Sargut, Marianne Spohner, 106 S., 30 Farbfotos, 100 Zeichnungen, kart. **DM 14,80**/S 119.–

Maschinenschreiben für Kinder.
(0274) Von Hanns Kaus, 48 S., farbige Abb., kart. **DM 5,80**/S 49.–

So lernt man leicht und schnell
Maschinenschreiben
Lehrbuch für Selbstunterricht und Kurse. (0568) Von Jean W. Wagner, 80 S., 31 s/w-Fotos, 36 Zeichnungen, Spiralbindung, kart. **DM 19,80**/S 159.–

Maschinenschreiben durch Selbstunterricht
(0170) Von A. Fonfara, 84 S., viele Abb., kartoniert. **DM 5,80**/S 49.–

Stenografie
– leicht gemacht im Kursus oder Selbstunterricht. (0266) Von Hanns Kaus, 64 S., kart. **DM 5,80**/S 49.–

Buchführung
leicht gefaßt. Ein Leitfaden für Handwerker und Gewerbetreibende. (0127) Von Richard Pohl, 104 S., kart. **DM 7,80**/S 69.–

Buchführung leichtgemacht
(4238) Von D. Machenheimer, R. Kersten, 252 S., Pappband. **DM 26,80**/S 218.–

Schülerlexikon der Mathematik
Formeln, Übungen und Begriffserklärungen für die Klassen 5–10. (0430) Von Robert Müller, 176 S., 96 Zeichnungen, kart. **DM 9,80**/S 79.–

Mathematik verständlich
Zahlenbereiche Mengenlehre, Algebra, Geometrie, Wahrscheinlichkeitsrechnung, Kaufmännisches Rechnen. (4135) Von Robert Müller, 652 S., 10 s/w- und 109 Farbfotos, 802 farbige und 79 s/w-Zeichnungen, über 2500 Beispiele und Übungen mit Lösungen, Pappband. **DM 68,–**/S 549.–

Mathematische Formeln für Schule und Beruf
Mit Beispielen und Erklärungen. (0499) Von Robert Müller, 156 S., 210 Zeichnungen, kart. **DM 9,80**/S 79.–

Rechnen aufgefrischt
für Schule und Beruf. (0100) Von Helmut Rausch, 144 S., kart. **DM 6,80**/S 59.–

Mehr Erfolg in Schule und Beruf
Besseres Deutsch
Mit Übungen und Beispielen für Rechtschreibung, Diktate, Zeichensetzung, Aufsätze, Grammatik, Literaturbetrachtung, Stil, Briefe, Fremdwörter, Reden. (4115) Von Kurt Schreiner, 444 S., 7 s/w-Fotos, 27 Zeichnungen, Pappband. **DM 29,80**/S 239.–

Richtiges Deutsch
Rechtschreibung · Zeichensetzung · Grammatik · Stilkunde. (0551) Von Kurt Schreiner, 128 S., kart. **DM 9,80**/S 79.–

Diktate besser schreiben
Übungen zur Rechtschreibung für die Klassen 4–8. (0469) Von Kurt Schreiner, 149 S., kart. **DM 9,80**/S 79.–

Aufsätze besser schreiben
Förderkurs für die Klassen 4–10. (0429) Von Kurt Schreiner, 144 S., 4 s/w-Fotos, 27 Zeichnungen, kart. **DM 9,80**/S 79.–

Deutsche Grammatik
Ein Lern- und Übungsbuch. (0704) Von Kurt Schreiner, 112 S., kart., **DM 9,80**/S 79.–

Besseres Englisch
Grammatik und Übungen für die Klassen 5 bis 10. (0745) Von Ellen Henrichs, 144 S. **DM 9,80**/S 79.–

Bestellschein

FALKEN VERLAG

Erfüllungsort und Gerichtsstand für Vollkaufleute ist der jeweilige Sitz der Lieferfirma. Für alle übrigen Kunden gilt dieser Gerichtsstand für das Mahnverfahren. Falls durch besondere Umstände Preisänderungen notwendig werden, erfolgt Auftragserledigung zu dem bei der Lieferung gültigen Preis.
Ich bestelle hiermit aus dem Falken-Verlag GmbH, Postfach 1120, D-6272 Niedernhausen/Ts., durch die Buchhandlung:

Ex. ____

Ex. ____

Ex. ____

Ex. ____

Name: ____

Straße: ____ Ort: ____

Datum: ____ Unterschrift: ____

FALKEN VERLAG

Für die Schweiz: sFr.-Preise gemäß Preisauszeichnung in der Buchhandlung